シリーズ
新しい
工学
2

プロジェクトマネジメント入門

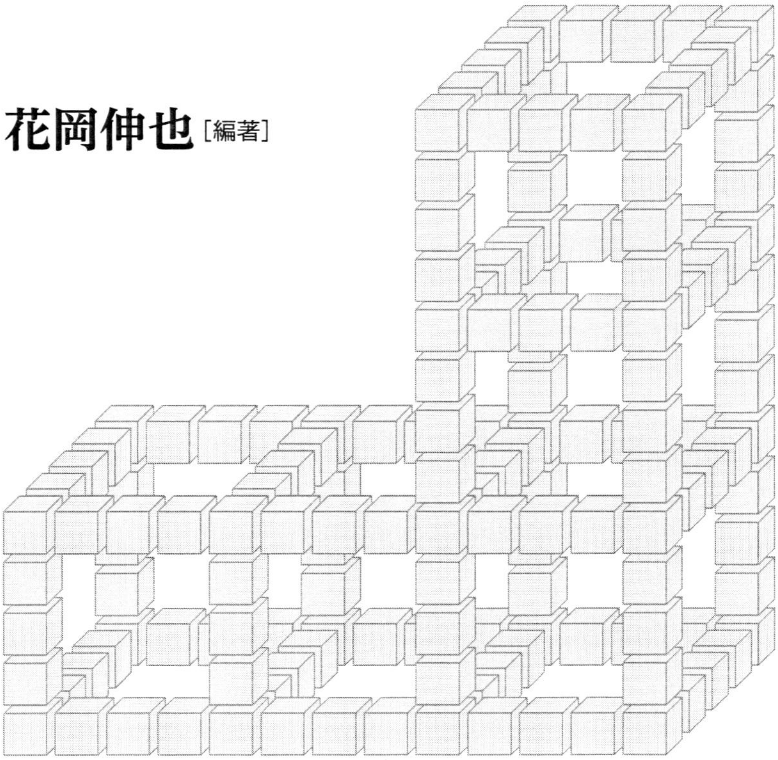

花岡伸也［編著］

朝倉書店

編著者

花岡伸也	（第1章，第3章）	東京工業大学環境・社会理工学院 教授

著　者

松川圭輔	（2.1～2.4節）	千代田化工建設株式会社
益田信久	（2.5節）	千代田化工建設株式会社
徳永達己	（4.1，4.2，4.4節）	拓殖大学国際学部 教授
黒木浩則	（4.3，4.4節）	株式会社オリエンタルコンサルタンツグローバル

カッコ内は執筆担当部分

まえがき

プロジェクトと聞いて，あなたは何をイメージするだろうか．プロジェクトという言葉の持つ範囲は広い．第 2 次世界大戦時の米国の核兵器開発プロジェクトであるマンハッタンプロジェクトは，あまりにも有名である．空港や橋梁のような大規模インフラやエネルギープラントの建設，新しい電化製品やソフトウェアの開発などは，典型的なプロジェクトである．しかし，こうしたビジネスに関連したものだけがプロジェクトではない．学園祭での模擬店の出店，資格取得に向けた学習，卒業論文執筆も立派な一つのプロジェクトである．

プロジェクトとは定常業務と対比させた業務のことであり，有期性と独自性を持つ．情報化が進み，グローバル化した国際社会では，多くの業務が前例のないプロジェクトとして行われている．国境の壁が小さくなり，社会情勢がめまぐるしく変化する中で，定常業務では対応できないことが増えているからである．今後多くの日本人が，あらゆる業種において，どのような業務に携わっても，何らかの形でプロジェクトに関わりを持つことが増えるであろう．しかも，国内だけでなく，国際的なプロジェクトに関わる機会が否応なしに与えられることだろう．こうしたとき，プロジェクトには「マネジメント」が必要になる．国内だけで通用する「暗黙の了解」が，国際プロジェクトでは通じないことはもはや常識である．また，プロジェクトの成否が，国際経験豊かな才能あふれるリーダーに大きく依存している状況はむしろ望ましくない．プロジェクトマネジメントの知識を誰もが持つべき時代になっている．プロジェクトを成功に導くために，プロジェクトマネジメントの知識やスキルの重要度が増しているのである．

本書は，プロジェクトマネジメントの手法を，事例を踏まえながら学ぶテキストとしてまとめられている．PMBOK やプロジェクトサイクルマネジメントなど，プロジェクトの現場で活用されている手法の基礎を学ぶことを目的としている．多くの業務がプロジェクトとなっている状況を背景として，プロジェクトマネジメントについての書籍が近年数多く出版されている．そのほぼすべては，プロジェクト経験者やプロジェクトマネジャーなど，実社会でプロジェクトに携わっている読者を対象としている．これは無理もないことかもしれない．プロジェクトに関わり，何らかの問題を経験してから，初めてプロジェクトマネジメントの手法に興味を持つからだ．

本書の読者は，プロジェクト経験者だけでなく，業務としてプロジェクトを経験したことのない人，特に大学生を想定している．この点はプロジェクトマネジメントと題した類書と大きく異なる．大学の講義や企業の研修などで仮想的なプロジェクトを提案し，プロジェクトマネジメントの概要を学べるようにまとめられている．プロジェクトマネジメントの大切さは，実際にプロジェクトを経験しないとわからないとも言われているものの，どんな人でも身の回りの小さなプロジェクトを意識せずとも経験しているものである．こうした経験を踏まえつつ，社会人になる前にプロジェクトマネジメントの手法を学ぶ意義は高い．プロジェクトに接する心構えが間違いなく変わるだろう．

プロジェクトマネジメントの知識やスキルは，あらゆる分野におけるプロジェクトの「共通言語」となっている．建設プロジェクトやエンジニアリングプロジェクトでは，以前からプロジェクトマネジメントの知識・スキルが必須であり，多くの類書はこうしたタイプのプロジェクトを対象に書かれてきた．21 世紀に入り，ソフトウェアやシステム開発を担う IT 技術者にもプロジェクトマネジメントが求められるようになり，近年はこの分野の類書が増えている．このように，様々な分野の工学に携わるエンジニアにこそ，プロジェクトマネジメントの知識やスキルが求められている．技術開発プロジェクトの成否が，新たに開発された技術の質以上に，プロジェクトマネジメントの質に関わってくるからである．

本書は，東京工業大学工学部国際開発工学科で開講されている学部生の講義科目「プロジェクトマネジメント」および「国際プロジェクト演習」の講義資料からまとめられたものである．エンジニアの活躍の舞台は国内から海外へ移った．プロジェクトの主流は国際プロジェクトである．国際プロジェクトに関わる関係者は国籍をまたがって多岐にわたり，国内プロジェクトでは想像もつかないリスクも起こりうる．本書では，現在あるいは将来，国際プロジェクトに携わる読者の参考となるよう，プラント開発プロジェクトの事例を第 2 章で，国際協力に基づく国際開発プロジェクトの事例を第 4 章で紹介する．

今後，読者がプロジェクトに取り組む際，自然とプロジェクトマネジメントに基づいた発想や計画が実践できるように，プロジェクトマネジメントのエッセンスをまとめたのが本書である．プロジェクトに接するとき，入門書として本書を活用していただければ幸いである．

本書の内容について，千代田化工建設株式会社，独立行政法人国際協力機構から掲載についてご快諾を頂いた．心より感謝申し上げる次第である．

2012 年 10 月

著者を代表して　東京工業大学　花岡伸也

目　　次

1 プロジェクトマネジメントの概要

本章では，プロジェクトマネジメントの概要を，プロジェクトマネジメントの世界標準のガイドラインとして世界各国で活用されている PMBOK（ピンボック）を用いて解説する．プロジェクトマネジメントとは，プロジェクトの目標達成のために，プロジェクトに必要な活動を知識やスキルによって適切に実施することである．プロジェクトを成功させるには，プロジェクトに課せられた制約事項を満たした上で目標を達成しなくてはならない．PMBOK では，制約事項となるマネジメントの対象分野を「知識エリア」と呼んでいる．また，プロジェクトのあらゆる過程でこれらの制約事項の関係を見ておく必要があり，この過程を PMBOK では「プロセス群」と呼んでいる．PMBOK では 42 の個別のプロセスが，5 つのプロセス群と 9 つの知識エリアの中で分類されている．本章では，1.1 節でプロジェクトおよびプロジェクトマネジメントの基礎知識を解説した後，1.2 節では PMBOK に基づきプロジェクトマネジメントの全体像を概説する．

1.1 プロジェクトとプロジェクトマネジメント

1.1.1 プロジェクトとは

プロジェクトとは定常業務と対比された業務のことである．定常業務とは，一般に期限がなく，反復性がある業務のことである◀1．プロジェクトは定常業務とは異なり，**有期性**と**独自性**という 2 つの特徴を持つ（表 1.1）．PMBOK◀2（Project Management Body of Knowledge）では，プロジェクトを「独自（Unique）のプロダクト，サービス，所産◀3 を創造するために実施される有期性（Temporary）のある業務」

表 1.1 プロジェクトと定常業務

プロジェクト	定常業務
有期性あり 明確な始まりと終わりがある． **独自性あり** 他と類似性があっても何かが異なる． 明確な目標がある．新規性がある．	**有期性なし** 継続性がある． **独自性なし** 反復性がある．

◀1 経理などの事務的業務やお得意さんを回る営業業務のほか，すでに開発された製品を工場で生産することなど．

◀2 「ピンボック」と読む．1.1.3 項で詳述．

◀3 PMBOK において，所産（Results）はプロダクトと対比させて用いられており，成果（統合されたシステム，改定されたプロセス，再構築された組織，テスト，訓練された要員）と文書（方針書，計画書，調査報告書，手順書，仕様書，報告書）が具体例として挙げられている．

と定義している．有期性とは明確な始まりと明確な終わりがあることを示し，独自性とはこれまでにない新しい何かを創出する新規性があることを意味する．独自性については，過去の成果物やサービスと類似性があったとしても，有形無形にかかわらず何らかの違いがある場合は独自性があると見なせる◀4.

プロジェクトに明確な目標があることによって，独自性は確保される．新しい何かを創出・創造するのは，プロジェクトを始める必要があり，達成するべき何らかの目標があるからである．プロジェクトの成功とは，様々な条件下で期限内にプロジェクトの目標を達成することである．プロジェクトの目標は，数値目標や達成基準があるものがわかりやすいだろう◀5. プロジェクトを始める必要性や達成するべき目標がないものは，プロジェクトとは言えない．プロジェクトには，それをするべき何らかの意義があるのである．

◀4 新製品の開発はもちろん，新しい経理システムを開発することや，新規顧客を開拓する営業活動などにも独自性がある．

◀5 プロジェクトの目標となる指標については，第3章のプロジェクトサイクルマネジメントで解説する．

1.1.2 プロジェクトマネジメントとは

プロジェクトマネジメントとは，プロジェクトの目標達成のために，プロジェクトに必要な活動を知識やスキルによって適切に実施することである．PMBOKでは，「プロジェクトの要求事項を満たすために，知識，スキル，ツール，技法をプロジェクト活動へ適用すること」と定義している．プロジェクトを成功させるには，プロジェクトに課せられた制約事項◀6を満たした上で目標を達成しなくてはならない．複数の制約事項の関係を見ながら，プロジェクトを成功に導くために，プロジェクトマネジメントが必要なのである．

たとえば，スケジュール（時間）と予算（費用）は，多くの状況下でトレードオフの関係にある◀7. 国際建設プロジェクトにおいて，備品調達過程で何らかの問題が生じたとき，スケジュールを優先すれば，速達性があり費用も高い航空輸送を用いる．時間を優先することで，より多くの費用を費やすことになる．一方で予算を優先する場合は，時間はかかるものの輸送費用の廉価な海上輸送を用いる．このときは費用を優先することで，より多くの時間を費やすことになる．

また，国際開発プロジェクトでは多くのステークホルダー◀8が関わることが一般的である．あるステークホルダーの要望を優先すれば，別のステークホルダーに悪影響を及ぼすことも起こりうる．プロジェクトマネジャーがステークホルダーと十分なコミュニケーションを取り，要望・意見を把握しておく必要がある．

このように，制約事項は互いに深く関係している．制約事項の間で適切なバランスを取ることがプロジェクトマネジメントに求められてい

◀6 スケジュール，予算，品質，人的資源，法律など

◀7 **トレードオフ：** ある2つのものが二律背反の状態・関係にあることを意味し，片方を重視すれば，その分もう一方を犠牲にせざるを得ないこと．

◀8 **ステークホルダー：** プロジェクトに直接，関接に関わる関係者のこと．1.2.1項で詳述．

る．そのため，プロジェクトマネジメントでは，制約事項となるマネジメントの対象分野をプロジェクト開始前から考慮しておかなくてはならない．また，プロジェクトのあらゆる過程でこれらの制約事項の関係を見ておく必要もある．以上について，PMBOK では，マネジメントの対象分野を「知識エリア」，プロジェクトの始めから終わりまでの過程を「プロセス群」と呼んでいる．

1.1.3 プロジェクトマネジメントのガイドライン

PMBOK とは Project Management Body of Knowledge の頭文字を取ったもので，プロジェクトマネジメントの知識を体系化したガイドラインである．プロジェクトマネジメントの実質的な世界標準のガイドラインとして，世界中で活用されている．PMBOK は，1969 年に設立された米国のプロジェクトマネジメント協会（PMI：Project Management Institute）によって作成されている．PMI は，当時，建設業や製造業など異なる分野のプロジェクトに多くの共通したマネジメント実務慣行があるという認識に基づき設立された．こうした共通した実務慣行を標準化し，文書化するという構想が PMBOK の原点である．PMBOK は，1987 年に初版（1996 年に改訂），2000 年に第 2 版（2000 年版），2004 年に第 3 版，2008 年に最新の第 4 版（日本語版は 2009 年）が出版されている◀9.

PMI が認定する国際資格として，PMP（Project Management Professional）がある．プロジェクトマネジメントに関する世界標準の国際資格であり，PMBOK に準拠した試験が実施される．PMP の受験資格として，一定期間以上のプロジェクトマネジメントの実務経験や PMI が認定した教育機関での研修受講が必要である◀10.

欧州では，国際プロジェクトマネジメント協会（IPMA：International Project Management Association）が作成した ICB（IPMA Competence Baseline）が普及している．IPMA は 1965 年にスイスで発足した組織であり，2011 年末現在，欧州を中心に 55 か国・地域のプロジェクトマネジメント団体が加盟している◀11. PMBOK と異なり，ICB は Competence Baseline という名にあるとおり，知識の体系化よりはプロジェクトマネジャーの能力・スキル開発に重点が置かれている◀12.

日本には，日本プロジェクトマネジメント協会◀13 が作成したガイドラインとして P2M 標準ガイドブック（P2M：Project & Program Management for Enterprise Innovation）がある．P2M では，これまで日本で中心的に実施されてきた建設プロジェクトだけでなく，新しい時代に対応したイノベーション推進と価値創造に対応できるプロジェクトやプ

◀ **9** PMI は 2011 年末現在，78 か国・地域に支部（Chapter）があり，日本にも 1998 年に発足した PMI 日本支部がある．Organizational Project Management Maturity Model（OPM3）など，PMBOK 以外にもプロジェクトマネジメントに関する多くのガイドラインを出版している．

◀ **10** PMI は，新人のプロジェクトマネジャーや大学生を対象とした，CAPM（Certified Associate in Project Management）という資格認定試験も実施している．

◀ **11** アジアからは中国やインドが加盟しているものの，日本は加盟していない．

◀ **12** IPMA は 4 段階（Projects Director，Senior Project Manager，Project Manager，Project Management Associate）の国際資格を認定している．

◀ **13 日本プロジェクトマネジメント協会：** 前身のプロジェクトマネジメント資格認定センターから名称変更され，2005 年に発足した NGO．

ログラムのマネジメントに注目したガイドラインとなっている．初版は2001年，新版P2M標準ガイドブックは2007年に出版された．

P2Mに準拠した資格制度は2002年（平成14年）から始まった．上級度順に

PMA（Program Management Architect）
PMR（Project Manager Registered）
PMS（Project Management Specialist）
PMC（Project Management Coordinator）

の4段階が定められており，日本プロジェクトマネジメント協会が認定している◀14．

◀14　資格認定試験結果が公表されており，2011年末時点ではPMS保有者が最も多く，4144人（合格率47.7%）である．次いでPMCが1293人（合格率72.4%），PMRが61人（合格率81.3%）である．最上級のPMA資格試験は，2013年度以降に実施される予定となっている．

1.2　PMBOKの基礎◀1

1.2.1　プロジェクトの基礎用語

(1)　プロジェクト，プログラム，ポートフォリオ

プロジェクトはそれ単体で行われるだけでなく，複数のプロジェクトの一つとして実施されることがある．むしろ，大企業や国などの大きな組織が実施する多くのプロジェクトは，互いに関連していることが多い．PMBOKでは，こうしたプロジェクトの関連性を，「ポートフォリオ」，「プログラム」，「プロジェクト」と3段階に分けている．図1.1に示すとおり，プログラムとは相互に関連するプロジェクトのグループであり，ポートフォリオとはプロジェクト・プログラム・定常業務の集合体である◀2．

ポートフォリオは，「戦略的な事業目標の達成を目的として，作業を効果的にマネジメントするためにグループにまとめた，プロジェクトやプログラムとその他の業務の集合」とPMBOKで定義されている．ポ

◀1　PMBOKを紹介した日本語の良書に，文献［2］がある．併読することを推奨する．

◀2　企業の立場から考えると，ポートフォリオは戦略（Strategy），プログラムは戦術（Tactics），プロジェクトは運用（Operation）ともみなせる．

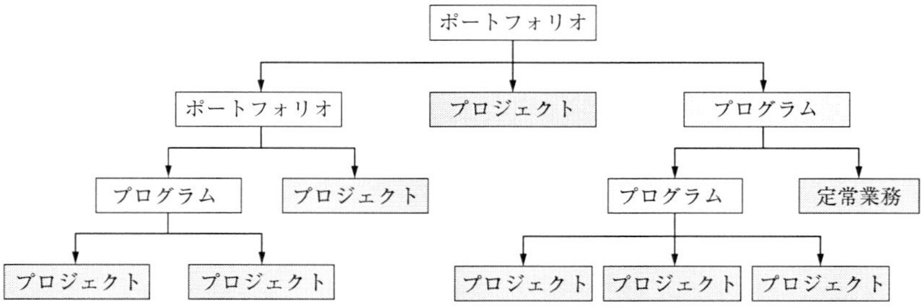

図1.1　プロジェクト，プログラム，ポートフォリオの関係の概念図

ートフォリオの対象となるプロジェクトやプログラムは，必ずしも互いに直接関係しているわけではない◀3．

◀3 ビジネスの場面では，多様なサービスを展開している企業の戦略の一つとして，ポートフォリオが位置づけられる．

プログラムは，「プロジェクトを個々にマネジメントすることでは得られない成果価値とコントロールを実現するために，調和のとれた方法でマネジメントされる相互に関連するプロジェクトのグループ」とPMBOK で定義されている．相互に関連する複数のプロジェクトの集合体であり，個別のプロジェクトの上位目標に当たる場合が多い．またPMBOK において，プログラムマネジメントとは，「プログラムの戦略目標と成果価値を達成するために，調和を保ちつつ一元的にプログラムをマネジメントすること」であり，「プロジェクトの相互作用に焦点をあて，それをマネジメントするために最適なアプローチを決定する」こととされている．プログラム内の個々のプロジェクトは，プログラムの目標に従った成果を共有している．プログラム内のプロジェクトの相互作用としては，共通する資源（予算，作業員，資材など）の制約条件，プロジェクト間のコンフリクト◀4 などがある．

◀4 たとえば，あるプロジェクトの目標達成が，別のプロジェクトの進捗を妨げてしまうこと．

(2) ステークホルダー

ステークホルダーとは，プロジェクトに直接，間接に関わる関係者のことである．PMBOK では，ステークホルダーを「プロジェクトに積極的に関与しているか，またはプロジェクトの実行あるいは完了によって自らの利益がプラスまたはマイナスの影響を受ける，顧客，スポンサー，母体組織，一般大衆のような個人や組織」と定義している．

プロジェクトに直接関係するプロジェクトチームには，プロジェクトマネジャー，プロジェクトチームメンバー，そしてスポンサー（プロジェクト出資者・プロジェクトオーナー）の３者が含まれる（スポンサーは同じ組織内の場合もあれば，組織外の場合もある）．スポンサーは，プロジェクト立ち上げプロセスと終結プロセスに深く関わるほか，スコープの決定や変更，リスクの対応でも関与することがある．

同じ組織内のステークホルダーとして，ポートフォリオマネジャー，プログラムマネジャー，プロジェクトマネジメントオフィス（PMO：Project Management Office），事業執行マネジャー，機能部門マネジャーなどがいる◀5．また，組織外で直接関係するステークホルダーとして，外部調達に関わる納入業者（ベンダー，コントラクター，サブコントラクターなど）やビジネスパートナーがいる．そして，最も重要なステークホルダーの一つとして，製品を購入したりサービスを利用する顧客，ユーザーがいる．

◀5 PMBOK では，プロジェクトマネジメントオフィスを「管轄する複数のプロジェクトを一元的にマネジメントし，調整を行うことについて様々な責任を持つ，組織内のグループあるいは業務部門」と，事業執行マネジャーを「研究開発，設計，製造，設置，検査，保守などのコアビジネスの分野でマネジメントの役割を果たす人々」と，機能部門マネジャーを「人事，財務，会計，調達などのビジネスの管理や機能分野において，マネジメントの役割を担う人々」と，それぞれ定義している．

そのほか，高速道路や発電所などの大規模インフラ施設整備プロジェクトでは，周辺地域住民もプラス，マイナスの影響を受けることから，プロジェクトの計画時点からステークホルダーとして認識する必要がある[6]．国際プロジェクトの場合には，ステークホルダーの対象が地理的にも大きく広がる．どこまでをステークホルダーと考えるかで，プロジェクトのスコープ（範囲）も変わることに注意する必要がある．また，ステークホルダーの役割は，プロジェクトの経過とともに変化する．

◀6 第4章で紹介する国際開発プロジェクトでは，ステークホルダー特定の重要性についてまとめている．

(3) プロジェクトマネジャー

プロジェクトマネジャーは，プロジェクトの目標を達成するために，プロジェクトに関わるすべての事柄に対応する責任を有するプロジェクトの責任者である．PMBOK では，プロジェクトマネジャーが身につけるべき特性として，知識，執行能力，人間性の３点を挙げている．プロジェクトマネジメントの実務に関する幅広い知識を有し，知識を活用してプロジェクトのアクティビティを遂行する能力とともに，プロジェクトを統率する能力として，柔軟性，判断力，強いリーダーシップと交渉能力が要求される．また，プロジェクトの詳細を理解できるだけでなく，プロジェクトを包括的な視点からマネジメントすることも求められる．さらに，プロジェクトメンバーやステークホルダーとコミュニケーションをとる責任があり，その能力も必要である．プロジェクトマネジャーは，プロジェクトの中心的な役割を担っているのである．

(4) その他の重要な用語

PMBOK では，プロジェクトが創出する固有で検証可能なプロダクト，サービス，所産を**要素成果物**と呼んでいる．要素成果物は WBS 作成の際の一要素となる．**アクティビティ**は，プロジェクトの各プロセスで要素成果物を生成するために実行する作業の一要素である．タイムマネジメント[7]で定義される．

◀7 タイムマネジメントについては第２章で詳しく解説する．

プロジェクトの**フェーズ**とは，プロジェクトの**ライフサイクル**を考えるときの構成要素のことであり，主要な要素成果物の完了によって終了する．逆に言えば，プロジェクトライフサイクルはプロジェクトフェーズの集合体となる．ライフサイクルは次のような特性を持つ．

①コストや要員数は，プロジェクト開始時には少なく，作業実施中に多くなってピークを迎え，終結に向けて急激に落ち込む．

②ステークホルダーの影響力，リスク，不確実性はプロジェクト開始時が最大であり，プロジェクトが進むにつれて徐々に低下する．

③プロジェクトの変更やエラーの訂正にかかるコストは，プロジェクトが進むにつれて大幅に増加する．

ライフサイクルを構成するフェーズは，開始期フェーズ，準備期フェーズ，実施期フェーズ，終結期フェーズと時間軸に並んでおり，状況によっては重複することもあるものの，順を追って完了するのが一般的である．

フェーズはプロジェクトを全体的に俯瞰する意味づけもあり，後述する**プロセス群**とは異なる◀8．5つのプロセス群は，ピークは異なるものの時間軸上で重なっているのが普通であり，この点でもフェーズとは異なる（図 1.2）．プロジェクトが一つのフェーズで完了することもあり，この場合はプロジェクト期間とフェーズ期間は一致する．

◀8　たとえば，2.5 節で紹介するプラント開発プロジェクトには，設計，調達，建設というフェーズが別々にあり，各フェーズに5つのプロセス群が含まれる．設計フェーズの主要な要素成果物の完了後，調達フェーズに移り，調達フェーズの要素成果物の完了後に建設フェーズに移る．

1.2.2　プロセス群と知識エリア

(1)　プロセス群

PMBOK ではプロジェクトのプロセスを5つの過程に分けており，これをプロセス群と呼ぶ．5つのプロセス群は 42 の個別のプロセスで構成されている．5つのプロセス群の相互作用のレベルの大きさを，時間軸上に示した図を図 1.2 に示す．監視・コントロールプロセス群は，他の4つのプロセス群のすべてに関係する．計画プロセス群と実行プロセス群は，プロジェクトの進展に応じて互いに更新される関係にあり，プロジェクトやフェーズの中間点で強い相互作用がある．

①**立ち上げプロセス群**（Initiating）：　プロジェクト開始の認可後，新規プロジェクトや既存プロジェクトの新しいフェーズを明確に定めるプロセスである．このプロセス群に含まれるプロセスは，1）プロジェクト憲章作成，2）ステークホルダー特定，である．

②**計画プロセス群**（Planning）：　プロジェクトの範囲を確定し，目標を定め，目標の達成に必要な行動を規定するプロセスである．このプロセス群には次の 20 プロセスが含まれる．1）プロジェクトマネジメント計画書作成，2）要求事項収集，3）スコープ定義，4）WBS 作成，5）アクティビティ定義，6）アクティビティ順序設定，7）アクティビティ資源見積り，8）アクティビティ所要期間見積り，9）スケジュール

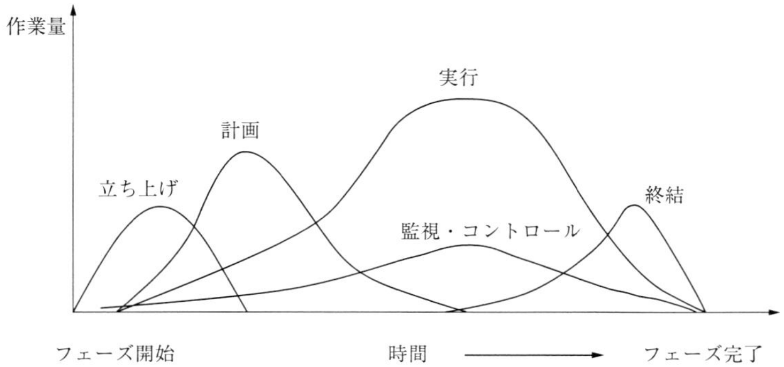

図 1.2　フェーズにおけるプロセス群の相互作用◀9

◀9　一つのフェーズは，プロジェクトライフサイクルの一部を構成する．

作成，10）コスト見積り，11）予算設定，12）品質計画，13）人的資源計画書作成，14）コミュニケーション計画，15）リスクマネジメント計画，16）リスク特定，17）定性的リスク分析，18）定量的リスク分析，19）リスク対応計画，20）調達計画．

③**実行プロセス群**（Executing）：　プロジェクトの仕様を満たしながら，計画書で規定された作業を完了するプロセスである．このプロセス群には次の8プロセスがある．1）プロジェクト実行の指揮・マネジメント，2）品質保証，3）プロジェクトチーム編成，4）プロジェクトチーム育成，5）プロジェクトチームのマネジメント，6）情報配布，7）ステークホルダーの期待のマネジメント，8）調達実行．

④**監視・コントロールプロセス群**（Monitoring & Controlling）：　プロジェクトの進捗やパフォーマンスを追跡・レビュー・統制し，計画の変更が必要な分野を特定し，それらの変更を開始するプロセスである．計画と実際の進捗との差異を識別するため，プロジェクトのパフォーマンスを継続的に監視・測定する．起こりうる問題を察知し，予防処置をとることも含まれる．このプロセス群には次の10プロセスがある．1）プロジェクト作業の監視・コントロール，2）統合変更管理，3）スコープ検証，4）スコープコントロール，5）スケジュールコントロール，6）コストコントロール，7）品質管理，8）実績報告，9）リスクの監視・コントロール，10）調達管理．

⑤**終結プロセス群**（Closing）：　プロジェクトを完結するため，すべてのプロジェクトマネジメントプロセス群のすべてのアクティビティを終了するプロセスである．このプロセス群には，1）プロジェクトやフェーズの終結，2）調達終結，の2つのプロセスがある．

(2)　知識エリア

PMBOKでは，プロジェクトの各プロセスをマネジメントする具体的分野として，9つの知識エリアに分類している．各知識エリアの概要は次の通りである．

①**統合マネジメント**（Integration Management）：　他の8つの知識エリアのプロセスを統合するプロセス．

②**スコープマネジメント**（Scope Management）：　プロジェクトに必要な範囲を定めるプロセス．

③**タイムマネジメント**（Time Management）：　プロジェクトを期間内に完了させるプロセス．

④**コストマネジメント**（Cost Management）：　プロジェクトを予算内で完了させるプロセス．

⑤**品質マネジメント**（Quality Management）：　プロジェクトが確保

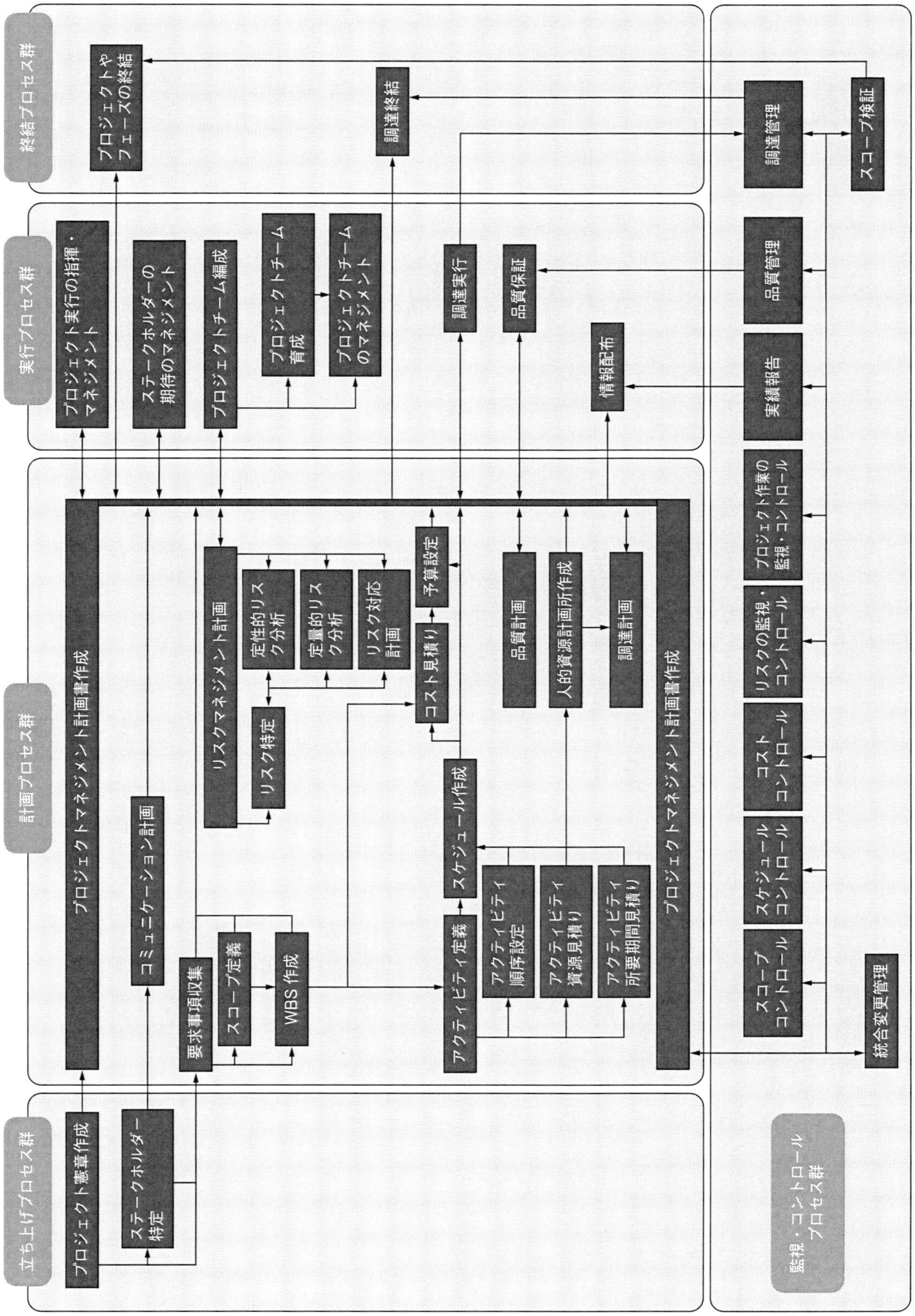

図 1.3 プロセス群と各プロセスの関係図
出典：広兼 修：新版プロジェクトマネジメント標準 PMBOK 入門，2010（文献 [2]）．

するべき品質を保証し，管理するプロセス．

⑥**人的資源マネジメント**（Human Resource Management）： プロジェクトメンバーの役割を定め，チームを編成し，育成するプロセス．

⑦**コミュニケーションマネジメント**（Communications Management）： ステークホルダーを特定し，効果的にコミュニケーションを進めるプロセス．

⑧**リスクマネジメント**（Risk Management）： リスクを特定し，分析，対応，監視するプロセス．

⑨**調達マネジメント**（Procurement Management）： 必要なプロダクト，サービスを外部から購入・取得するプロセス．

図1.3は，プロセス群と各プロセスの関係を図示したものである．また，プロセス群と知識エリアをマトリクスとしてまとめたのが表1.2である．プロジェクトにおいて，多くのプロセスが計画プロセスに含まれることが一目でわかる．プロジェクトを実行する前に適切な計画を立て

表1.2 プロセス群と知識エリアの分類

知識エリア	プロセス群				
	立ち上げプロセス群	計画プロセス群	実行プロセス群	監視・コントロールプロセス群	終結プロセス群
統合マネジメント	プロジェクト憲章作成	プロジェクトマネジメント計画書作成	プロジェクト実行の指揮・マネジメント	プロジェクト作業の監視・コントロール 統合変更管理	プロジェクトやフェーズの終結
スコープマネジメント		要求事項収集 スコープ定義 WBS 作成		スコープ検証 スコープコントロール	
タイムマネジメント		アクティビティ定義 アクティビティ順序設定 アクティビティ資源見積り アクティビティ所要期間見積り スケジュール作成		スケジュールコントロール	
コストマネジメント		コスト見積り 予算設定		コストコントロール	
品質マネジメント		品質計画	品質保証	品質管理	
人的資源マネジメント		人的資源計画書作成	プロジェクトチーム編成 プロジェクトチーム育成 プロジェクトチームのマネジメント		
コミュニケーションマネジメント	ステークホルダー特定	コミュニケーション計画	情報配布 ステークホルダーの期待のマネジメント	実績報告	
リスクマネジメント		リスクマネジメント計画 リスク特定 定性的リスク分析 定量的リスク分析 リスク対応計画		リスクの監視・コントロール	
調達マネジメント		調達計画	調達実行	調達管理	調達終結

出典：文献［1］．

ることが，プロジェクトマネジメントの基本なのである．PMBOK では，プロジェクトを成功させるためにプロジェクトチームが実行する必要のあることとして，4 点[10]を挙げている．これらは，42 の個別プロセスとそれぞれ何らかの形で関わっている．

統合マネジメントを除いた残り 8 つの知識エリアのマネジメントの中で，例外なくどのプロジェクトにも必要となるのは，スコープマネジメント，タイムマネジメント，コストマネジメント，リスクマネジメントである．これら 4 つはプロジェクトマネジメントの核となる．一方，品質マネジメント，人的資源マネジメント，コミュニケーションマネジメント，調達マネジメントは，プロジェクトのタイプによって重要度が変化する知識エリアである．タイムマネジメント，コストマネジメント，リスクマネジメントについては第 2 章で詳しく解説することから，次に統合マネジメント，スコープマネジメント，品質マネジメント，人的資源マネジメント，コミュニケーションマネジメント，調達マネジメントについて概説する．

◀ 10
①プロジェクト目標を達成するために必要とされる適切なプロセスを選択する．
②要求事項を満たすために選定し，設定したアプローチを用いる．
③ステークホルダーのニーズと期待に応じた要求事項を満たす．
④スコープ，タイム，コスト，品質，資源，リスクなどの競合する要求のバランスをとって，特定したプロダクト，サービス，所産を生成する．

1.2.3　知識エリアのマネジメントの概説

(1)　統合マネジメント

統合マネジメントは，プロセス群内の各プロセスとアクティビティを統合するプロセスである．プロジェクトマネジメントの全体像を理解するために重要である．統合マネジメントには 6 つのプロセスがあり，PMBOK では各プロセスを次のように定義している．

①**プロジェクト憲章作成：**　プロジェクトやフェーズを公式に認可する文書を作成し，ステークホルダーのニーズと期待を満足させる初期の要求事項を文書化するプロセス．

②**プロジェクトマネジメント計画書作成：**　すべての補助計画書を定義し，作成し，統合し，調整するために必要な行動を文書化するプロセス．

③**プロジェクト実行の指揮・マネジメント：**　プロジェクト目標を達成するためにプロジェクトマネジメント計画書で定義された作業を実行するプロセス．

④**プロジェクト作業の監視・コントロール：**　プロジェクトマネジメント計画書に定義されたパフォーマンス目標を達成するため，進捗を追跡し，レビューし，統制するプロセス．

⑤**統合変更管理：**　すべての変更要求をレビューし，変更を承認し，さらに要素成果物，組織のプロセス資産，プロジェクト文書，プロジェクトマネジメント計画書などへの変更をマネジメントするプロセス．

⑥**プロジェクトやフェーズの終結：**　プロジェクトやフェーズを公式に終了するために，すべてのプロジェクトマネジメントプロセス群のすべてのアクティビティを完結するプロセス．

どのプロジェクトにおいても，**プロジェクト憲章**（Charter）の作成が出発点となる．あらゆるプロジェクトには，プロジェクトを始める理由が必ずある．プロジェクト憲章には，作業範囲，ビジネスケース，契約，組織体の環境要因，組織のプロセス資産などを考慮し，専門家の判断を経てから，①プロジェクトの目的または妥当性，②測定可能なプロジェクト目標および関連する成功基準，③要求事項，④リスク，⑤要約版スケジュール，⑥要約版予算，⑦プロジェクト承認要件，などを記述する．最も重要なのは最初の２つであり，プロジェクトの目的・妥当性およびプロジェクト目標の適切な設定は，プロジェクトの根幹を成すものである．

PMBOK では，プロジェクトを開始する契機として以下の７つを紹介している．プロジェクトを正当化するために作成するビジネスニーズの記述（**ビジネスケース**）に用いられる．一つのプロジェクトに複数の契機がある場合もある．

①**市場の需要**（Market Demand）

例）　電力不足を背景に，電力会社が太陽光発電を普及・促進するプロジェクト．

②**組織のニーズ**（Organization Need）

例）　教育教材出版会社が，事業拡大のため，新分野のシリーズを出版するプロジェクト．

③**顧客要求**（Customer Request）

例）　ウェブシステム開発会社が，ウェブサービスを利用しているクライアントの要求に応じて，オンライン決算システムを開発するプロジェクト．

④**技術的進歩**（Technological Advance）

例）　家電メーカーが，エネルギー技術の進歩を受けて，よりエネルギー消費を抑えるエアコンを開発するプロジェクト．

⑤**法的要件**（Legal Requirement）

例）　物流会社が，新しく設定されたガス排出規制に伴い，ドライバーの運転ガイドラインを改訂するプロジェクト．

⑥**生態系への影響**（Ecological Impacts）

例）　プラント建設会社が，大気環境への影響を緩和する施設を設置するプロジェクト．

⑦**社会的ニーズ**（Social Need）

例） 開発途上国政府が，水資源が不足し水質事情も悪い地域に水道施設を建設するプロジェクト．

プロジェクト憲章の作成後，プロジェクトマネジャーの行う最初の業務がプロジェクトマネジメント計画書の作成である．プロジェクトマネジメント計画書は，プロジェクトマネジメントのすべての知識エリアの計画に関わるもので，その記述レベルは概要の場合もあれば，詳細の場合もある．特に，プロジェクトマネジメント計画書で承認されたスコープ，スケジュール，コストは，プロジェクトのベースライン（基準）となる．また，各知識エリアで定める計画書を補助計画書◀11として用いることもある．

◀11 スコープマネジメント計画書，要求事項マネジメント計画書，スケジュールマネジメント計画書，コストマネジメント計画書，品質マネジメント計画書，プロセス改善計画書，人的資源計画書，コミュニケーションマネジメント計画書，リスクマネジメント計画書，調達マネジメント計画書など．

（2） スコープマネジメント

スコープマネジメントはプロジェクトの範囲を定めるものであり，プロジェクトの規模の大小や種類にかかわらず，どのプロジェクトにおいても非常に重要なマネジメントである．詳細で正確なスコープの設定は，プロジェクトの成功にとって必要不可欠である．

PMBOKでは，スコープという用語を次の2つの観点で用いている．

①**成果物スコープ：** 成果物（プロダクト，サービス，所産）に特有の特性や機能．

②**プロジェクトスコープ：** 規定された特性や機能をもつ成果物を生み出すために実行しなければならない作業．

スコープマネジメントには5つのプロセスがあり，PMBOKでは各プロセスを次のように定義している．

①**要求事項収集：** プロジェクト目標を達成するためにステークホルダーのニーズを定義し，文書化するプロセス．

②**スコープ定義：** プロジェクトおよび成果物に関する詳細な記述書を作成するプロセス．

③ **WBS作成：** プロジェクトの要素成果物およびプロジェクトの作業を，より細かく，マネジメントしやすい要素に分解するプロセス．

④**スコープ検証：** 完成したプロジェクトの要素成果物を公式に受け入れるプロセス．

⑤**スコープコントロール：** プロジェクトスコープと成果物スコープの状況を監視し，スコープベースラインに対する変更をマネジメントするプロセス．

スコープ定義のプロセスでは，プロジェクトのスコープを詳細まで記述したスコープ記述書を作成する．スコープ記述書には，要素成果物と要素成果物の生成に必要な作業範囲を記述する．さらに，制約条件や前提条件，そして除外事項も詳述する．プロジェクトのスコープ外の事項を記述することは，プロジェクト実施中に各ステークホルダーの期待をマネジメントする際に有用である．作成されたスコープ記述書は，ステークホルダー間でプロジェクトの範囲を共有することにも用いられる．

プロジェクトの要素成果物と作業を，マネジメントしやすい要素に分解するプロセスが，**WBS**（Work Breakdown Structure）作成である．WBSとは，プロジェクトチームが実行する作業を階層的に要素分解したものである．プロジェクトのスコープ全体を系統立ててまとめるもので，レベルが一段下がるごとにプロジェクトの作業をより詳細に定義する．WBSの最も低いレベルにある構成要素を**ワークパッケージ**（Work Package）と呼ぶ．作業の一要素であるアクティビティ◀12はプロジェクトで実施する作業の最小単位であり，ワークパッケージは複数のアクティビティで構成される．WBSはプロジェクトの範囲を作業単位で系図型に分解したものであり，プロジェクトの作業範囲を認識する上で視覚的にも有効である．

◀12　アクティビティについては2.1.1項で詳しく解説する．

WBSは要素成果物かフェーズを構成要素としたもので作成する．要素分解の一番上のレベルを主要な要素成果物にするか，フェーズにするかで決められる◀13．

◀13　PMIはWBS作成の指針「Practice Standard for Work Breakdown Structures（Second Edition）」をまとめている．

WBSにはプロジェクトマネジメントそのものも含める必要がある．それによって，プロジェクトのすべての成果物とすべての作業を表すことになる．WBS作成により，プロジェクトに必要な活動を過不足なく分解することで，重複や漏れを防ぐことができる．また，プロジェクトメンバーの役割分担の明確化にも活用できる◀14．

◀14　WBSの具体例については，太陽光発電のケースを示した2.4節を参照されたい．

WBSの作成手順の概要◀15：　要素成果物を主体としたWBSは次の手順で作成する．完成したWBSの概念図を図1.4に示す．

◀15　文献［4］をベースとしてまとめた．

①プロジェクトの目標をプロジェクト憲章から再確認する：　どのような目標を達成するのか．

②プロジェクト目標を要素成果物に分解する：　目標達成のための主要な要素成果物は何か．

③各要素成果物をその構成要素に分解する：　要素成果物は何で構成されているのか．

④各構成要素を作成するための活動（ワークパッケージ）を洗い出す：　構成要素作成のために何をするのか．

⑤目標，成果物，構成要素，ワークパッケージに識別番号をつける．

【WBS作成上の注意点】

①要素分解の正しさは，下位レベルの構成要素が，対応する上位レベルの要素成果物を完成するのに必要十分な関係を満たしているかどうかで確認する．これは100%ルールと呼ばれる．

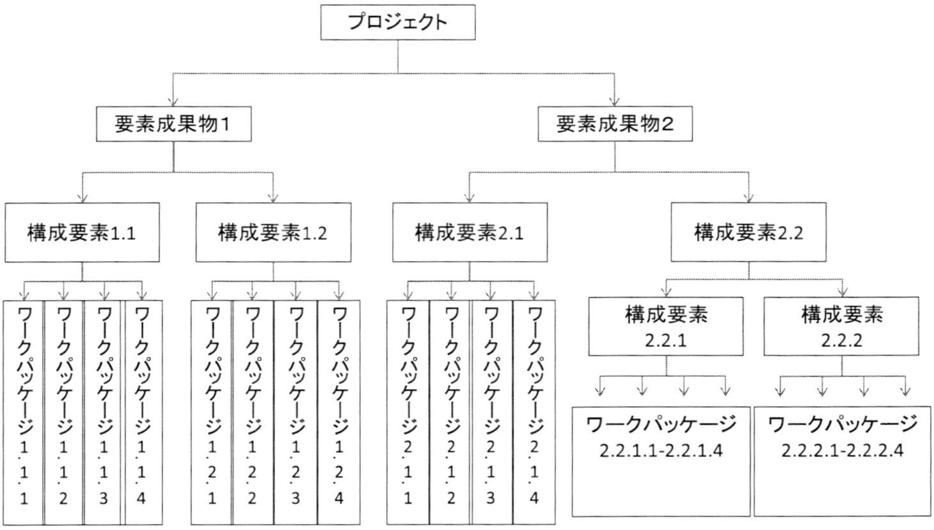

図 1.4　要素成果物を基本とした WBS の概念図

② WBS は上から下へブレークダウンする形で作成することが望ましい．要素成果物として何を生み出すかが優先で，その後に何を実施するかを決めるからである．ただし，類似のプロジェクトを経験している場合には，活動（ワークパッケージ）を先に考えて積み上げることもある．

③構成要素の最小単位となるワークパッケージの作業の目安として，8/80 ルールがある．これは，8 時間以上 80 時間以内になるまで作業を分解するルールである◀16．プロジェクトの種類によってワークパッケージの基準が大きく異なることから，絶対的な基準ではないものの，参考にできる．作業の責任と権限が明確化できるレベルと考えると，よりわかりやすいかもしれない．

◀ **16**　作業の目安を 40 時間とし，40 時間ルールと呼ばれることもある．

(3)　品質マネジメント

インフラ施設や電気製品など有形な成果物のあるプロジェクトでは，成果物の品質を適切にマネジメントする必要がある．ただし，PMBOK ではプロジェクトの品質マネジメントとして，プロジェクトの成果物のみならず，プロジェクトのプロセスが効率的に運用されているかどうかなどを監視するプロジェクトマネジメント自身の品質も対象に含めている．成果物の品質の指標や基準は成果物によって異なる一方，プロジェクトマネジメントの品質の基準はどのプロジェクトでも共通する．

品質マネジメントには 3 つのプロセスがあり，PMBOK では各プロセスを次のように定義している．

①**品質計画：**　プロジェクトおよび成果物の品質要求事項と品質基準

を定め，それを順守する方法を文書化するプロセス．

②**品質保証：**　適切な品質基準と運用基準の適用を行うために，品質の要求事項と品質管理測定の結果を監査するプロセス．

③**品質管理：**　パフォーマンスを査定し，必要な変更を提案するために，品質活動の実行結果を監視し，記録するプロセス．

(4)　人的資源マネジメント

一般にプロジェクトは複数のメンバーで遂行される．ごく少数で実施されるものから，第2章で紹介するプラント開発プロジェクトのように数万人が直接関わるプロジェクトもある．そこで，通常プロジェクトメンバーはチームに分けられ，それぞれに与えられた役割および責任に従ってプロジェクトに携わる．個々のメンバーの能力，スキル，経験などに合わせ，適切な役割を割り当てる必要があるだけでなく，適切なメンバー編成と育成もプロジェクトのパフォーマンス発揮に不可欠である．

人的資源マネジメントには4つのプロセスがあり，PMBOKでは各プロセスを次のように定義している．

①**人的資源計画書作成：**　プロジェクトにおける役割，責任，必要なスキル，上下関係などを特定し，文書化し，要員マネジメント計画書の作成を行うプロセス．

②**プロジェクトチーム編成：**　人的資源の可用性を確認し，プロジェクトの任務を完了するために必要なチームを設定するプロセス．

③**プロジェクトチーム育成：**　プロジェクトのパフォーマンスを高めるために，コンピテンシー（能力）を強化し，チーム内の交流を促進し，チーム環境を改善するプロセス．

④**プロジェクトチームのマネジメント：**　プロジェクトのパフォーマンスを最適化するためにチームメンバーのパフォーマンスを追跡し，フィードバックを行い，課題を解決し，変更をマネジメントするプロセス．

人的資源計画書作成では，チームメンバーの役割分担を定める必要がある．そのツールの一つとして，**責任分担マトリックス**（RAM：Responsibility Assignment Matrix）がある．RAMはプロジェクトのアクティビティとチームメンバー間の関係を図示するために用いられる．各メンバーが関わるアクティビティの確認だけではなく，各アクティビティに関わるメンバー要員も確認できる形式とする．表1.3は，代表的なRAMの形式の一つであるRACI図である◀17．マトリクスの縦にアクティビティを並べ，横に個人名やチーム名を並べるもので，多くのプロジェクトで活用されている．

プロジェクトチーム育成の中で重要な点として，チーム形成活動があ

◀17　RACIとは，Responsible（実行責任），Accountable（説明責任），Consult（相談対応），Inform（情報提供）を意味する．

表 1.3　責任分担マトリックス（RAM）の事例

	Role A	Role B	Role C	Role D
Task 1	R	A	C	I
Task 2	A	R	C	I
Task 3	C	R		A
Task 4	R	C	I	A
Task 5	I	A	R	

る．PMBOKによると，チーム形成活動の目的は「個々のチームメンバーが効果的に協力して作業できるようにすること」である．チーム環境を作る上で重要な点として，PMBOKではプロジェクトチームの問題をチームの課題として取り扱い，話し合うことだと指摘している．コミュニケーションを通してメンバー間の信頼を高め，良好な関係を作ることが求められる．

(5)　コミュニケーションマネジメント

コミュニケーションマネジメントは，プロジェクトマネジャーなどの責任を持つ立場のメンバーにとって非常に重要な知識エリアである．プロジェクトマネジャーは，チームメンバーや組織内外のステークホルダーとのコミュニケーションに多くの時間を費やす．効果的なコミュニケーションが，プロジェクトを円滑に進めるには必須である．

いまや日本の大企業が実施するプロジェクトの多くが国際プロジェクトとなっている．複数の国籍でメンバーが構成される国際プロジェクトでは，コミュニケーションマネジメントがプロジェクトの成否や進捗を大きく左右することがある◀18．

◀ 18　第4章で紹介する国際開発プロジェクトでも，コミュニケーションマネジメントの重要性が随所で指摘されている．

コミュニケーションマネジメントには5つのプロセスがあり，PMBOKでは各プロセスを次のように定義している．

①**ステークホルダー特定：**　プロジェクトにより影響を受けるすべての人と組織を特定し，それらがプロジェクトの成功に対して有する利害，関与，影響に関する適切な情報を文書化するプロセス．

②**コミュニケーション計画：**　プロジェクトのステークホルダーが求める情報ニーズを定め，コミュニケーションへの取り組み方を定義するプロセス．

③**情報配布：**　計画に従って，適切な情報をステークホルダーに提供するプロセス．

④**ステークホルダーの期待のマネジメント：**　ステークホルダーのニーズに応えるためにステークホルダーと話し合い，協力し，さらに発生した問題への対処を行うプロセス．

⑤**実績報告：**　状況報告，進捗測定，予測等のパフォーマンス情報を収集し，配布するプロセス．

(6)　調達マネジメント

大規模なプロジェクトでは，プロジェクトに必要な部品やサービスを外部から購入する．国際プロジェクトでは調達が欠かせない．調達マネジメントは，外部調達のプロセスをまとめた知識エリアである．調達マネジメントには4つのプロセスがあり，PMBOK では各プロセスを次のように定義している．

コラム

大学生が経験するプロジェクト

大学生には，卒業前にプロジェクトを経験する機会が必ずある．一つは卒業研究，もう一つは部活動・サークル活動である．

卒業論文の執筆は多くの大学・学部で卒業要件の一つになっており，ほとんどすべての学生が経験する．卒業研究は，たとえどんな細かな内容であれ研究活動の一環であり，これまで誰もしてこなかったことを遂行するのが大前提である．したがって，明確な研究目的が必ずある（独自性）．また，卒業論文提出の「〆切（しめきり）」も必ずある（有期性）．この2点から，卒業研究は立派なプロジェクトといえるだろう．

卒業研究のテーマ設定においては，まず研究の目的とスコープ（範囲）を明確に決めなくてはならない．いざ研究を始めると，つい分析する対象範囲を広く考えてしまうことがある．明確な目的の下に研究範囲を定めるスコープマネジメントをしないと，いつまでたっても研究が終わらない．卒業研究をたった一人で遂行することは難しい．指導教員との相談，研究室メンバーとのディスカッションや互いの研究補佐・協力は，特に工学を対象とする場合，どのような研究でも不可欠である．人的資源マネジメントとして，研究室メンバーの役割分担を決めておく必要があるだろう．実験協力者，インタビュー相手，アンケート調査の回答者など，研究に関わるステークホルダーは数多い．ステークホルダーとの円滑なコミュニケーションは，スムーズに研究を進めるために欠かせないコミュニケーションマネジメントである．〆切に向けた時間管理はタイムマネジメントであり，実験や分析に必要な試料・データの収集を予算内で実施するのはコストマネジメントである．実験試料の調達やデータの購入は，外部の組織に依頼する調達マネジメントである．研究内容は，品質マネジメントとして，当然のことながら卒業要件を満たした品質を保持する必要がある．さもないと卒業が認められない．体調を崩したり，データ収集が遅れたりなど，予定外に起こることへの対応はリスクマネジメントになる．このように，卒業論文をプロジェクトと見なして取り組むと，論文の質の向上に貢献することもあるだろう．

部活動やサークル活動も，プロジェクトを経験する良い機会となる．体育会系の部活動・サークル活動であれば，例えば全国大会という目標大会があるとして，その日までにという期限があり，その大会での優勝，入賞などの成果目標がある．やはり立派なプロジェクトである．大会に向けた日々の練習のスケジュールを，多くの部員と協力しながら，限られた予算の中で実施していくのは，団体競技であれ個人競技であれ，プロジェクトマネジメントそのものである．文化系の部活動・サークル活動にも，発表会，コンテスト，展示会などの目標となる機会が存在する．主将や部長のような代表者が必ずしもプロジェクトマネジャーになることはなく，どの立場の学生にもプロジェクトマネジャーになる機会がある．本書は，こうした学生時代に経験する各種プロジェクトにも参考になるようにまとめられている．

①**調達計画：**　プロジェクト調達の意思決定を文書化し，取り組み方を明確にし，納入候補を特定するプロセス．

②**調達実行：**　納入候補から回答を得て，納入者を選定し，契約を締結するプロセス．

③**調達管理：**　調達先との関係をマネジメントし，契約のパフォーマンスを監視し，必要に応じて変更と是正を行うプロセス．

④**調達終結：**　プロジェクトにおける個々の調達を完結するプロセス．

問　題

[1. 1]　プロジェクトの特徴である有期性と独自性に注意して，プロジェクトを3つ以上提案せよ◀19．

[1. 2]　[1.1] で提案したプロジェクトから一つを選択し，①プロジェクトの目的および妥当性，②測定可能なプロジェクト目標および関連する成功基準，③ WBS，を作成せよ．

◀ **19　注意点**　プロジェクトを提案する際，「何のために」という目的や，プロジェクト後の成果が不明確な内容を書くケースが見られる．目的と成果が具体的にイメージできるプロジェクトを提案しよう．また，個人的な要望はプロジェクトの発想にはつながるものの，あくまで要望にすぎない．それを実現するために，期限を設定して実行するのがプロジェクトであることを意識しよう．すぐに実行可能で結果が出てしまうのもプロジェクトとは言い難い．また，プロジェクトを提案する際には，過去実施されたか，現在実施中かどうかについても調べる必要がある．すでに実施されているプロジェクトは独自性がなく，必要性もないからである．

文　　献

[1]　Project Management Institute (PMI)：プロジェクトマネジメント知識体系ガイド (PMBOK ガイド) 第4版，2008.

[2]　広兼　修：新版プロジェクトマネジメント標準 PMBOK 入門，オーム社，2010.

[3]　日本プロジェクトマネジメント協会：新版プロジェクト & プログラムマネジメント (P2M) 標準ガイドブック，日本能率協会マネジメントセンター，2007.

[4]　国際協力機構 (JICA)・国際協力総合研修所：事業マネジメントハンドブック（初版），2007.

2 プロジェクトマネジメントの手法

PMBOK において，すべてのプロセスは，「インプット」情報を「ツールと技法」で処理し，「アウトプット」として出力される過程として説明されている．さまざまな個別の条件に左右されるプロジェクトに対し，そのマネジメントの過程に共通性があることを見出し，プロセスを系統的に初めて記述した事が PMBOK の画期的な点である．特にプロジェクトの計画段階では，PMBOK に沿った手法が有効である．本章では，あらゆる分野のプロジェクトで必須となるタイムマネジメント，コストマネジメント，リスクマネジメントの各知識エリアの分析手法と適用例を解説する．具体的には，5 つのプロセス群のうち，計画プロセス群における各プロセス間の主な関係を示した図 2.1 に従って，プロジェクトマネジメントの手法を 2.1 節から 2.3 節で解説する◀1．2.4 節では太陽光発電プロジェクトを事例としてこれらの手法の適用方法を解説し，2.5 節ではプラント開発プロジェクトの実例を紹介する．

◀1　図 2.1 は PMBOK 第 3 版までの計画プロセス群のプロセス間の関係図を参考にしている．PMBOK 第 4 版では統合マネジメントを中心に置き，その外側に円弧上に各プロセスを配置して両方向矢印で結んだ図となっている．あらゆる分野におけるプロジェクトでの共通点を抽出した結果，各プロセス間の調整を重視した図になっており，計画プロセス群がどういうものかわかりづらくなっている．図 2.1 は，各プロセスが同時進行する実際のプロジェクトとは厳密に言えば相違点もあるものの，計画プロセスの順序がわかるように表現している．なお，第 1 章で説明した計画プロセス群のプロセスのうち，品質計画，コミュニケーション計画は他のプロセスとは比較的独立しており，時間的依存関係が少ないため省略した．

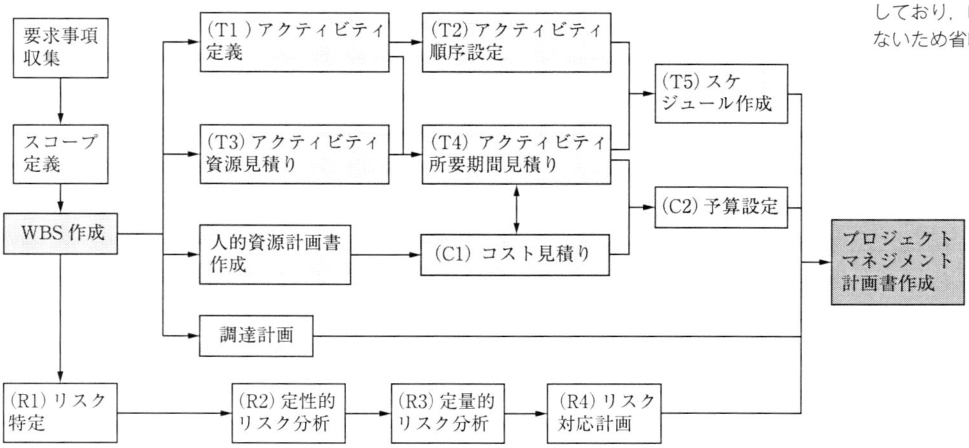

図 2.1　計画プロセス群におけるプロセス間の主な関係

2.1 タイムマネジメント

プロジェクトが達成すべき主要な目標として，時間，コスト，品質がある．各資源（人，資金，材料，書類）はすべて時間軸上で認識されることから，スケジュール，つまり時間軸上の作業の進め方の計画およびそれを守ることはプロジェクトマネジメントの中核的な位置づけにある．スケジュールの計画法を各プロセスに従って説明する．

2.1.1 アクティビティ定義（T1）

アクティビティ定義とは，「プロジェクトの要素成果物を生成するために実行すべき具体的な作業を特定するプロセス」である（図2.2）．ここでいうプロジェクトの要素成果物◀1とは，WBS（Work Breakdown Structure）内の一番低いレベルの構成要素であるワークパッケージのことである．

図2.2の2つのインプットのうち，スコープ記述書からプロジェクトの必要とする最終成果物がわかり，WBSからワークパッケージの構成がわかる．このワークパッケージを作成するために必要な作業の一要素がアクティビティである．アクティビティは，ワークパッケージをよりマネジメントしやすい単位まで要素分解したものである．実用的には，ワークパッケージは要素成果物（デリバラブル）という「有形のもの」であるが，アクティビティは必ずしも要素成果物ではなく，「無形の作業」でもよい．その結果，アウトプットとしてアクティビティリストが得られる．

◀1 要素成果物はデリバラブルとも呼ぶ．具体的には，頭の中にあるアイデアはデリバラブルではなく，そのアイデアを書き記した報告書，論文，設計図などは典型的なデリバラブルである．

インプット	ツールと技法	アウトプット
スコープ記述書 WBS	要素分解	アクティビティリスト

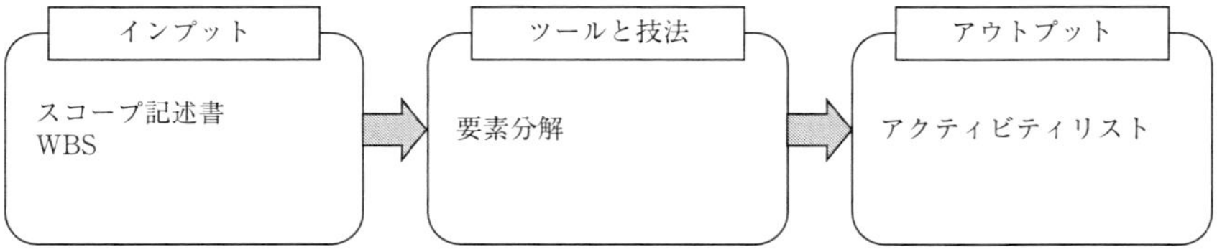

図 2.2 （T1）アクティビティ定義プロセス

2.1.2 アクティビティ順序設定（T2）

アクティビティ順序設定のプロセスとは，「アクティビティ間の関係を特定し，文書化すること」とPMBOKで定義されている（図2.3）．

ここでは前のプロセスでリストアップした各アクティビティの関係を，プレシデンスダイアグラム法（PDM：Precedence Diagram Method）◀2を用いて記述する．PDMはアクティビティ・オン・ノード

◀2 このPDMは，第3章で用いるプロジェクトデザインマトリクス（PDM：Project Design Matrix）とは異なる．

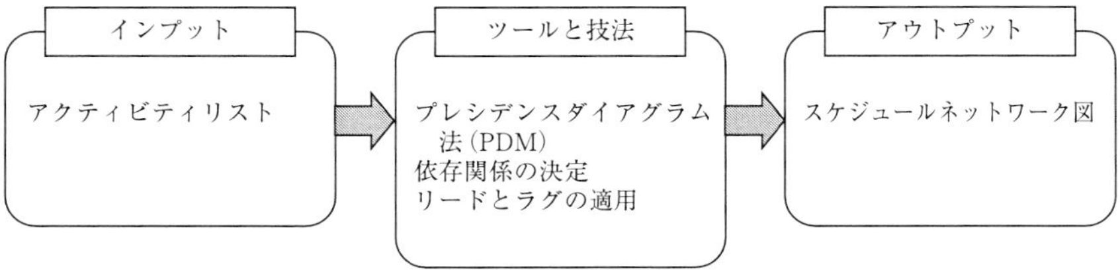

図 2.3　（T2）アクティビティ順序設定プロセス

（Activity on Node）とも呼ばれ，図 2.6（25 ページ）のプロジェクトスケジュールネットワーク図の通り，網目の節（ノード）の位置にアクティビティのボックスがある形として図示される．PDM には 4 種類の順序関係があり，それぞれ右図のような矢印で示される．

（1）　終了-開始関係（Finish to Start：FS 関係）

先行アクティビティ A が終了してから，後続アクティビティ B は開始できる．最も一般的な依存関係．

（2）　終了-終了関係（Finish to Finish：FF 関係）

先行アクティビティ A が終了してから，後続アクティビティ B は終了できる．

（3）　開始-開始関係（Start to Start：SS 関係）

先行アクティビティ A が開始されれば，後続アクティビティ B も開始できる．

（4）　開始-終了関係（Start to Finish：SF 関係）

先行アクティビティ A が開始されれば，後続アクティビティ B は終了できる．

（1）　終了-開始関係

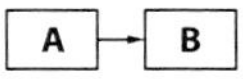

（2）　終了-終了関係

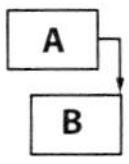

（3）　開始-開始関係

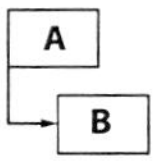

（4）　開始-終了関係

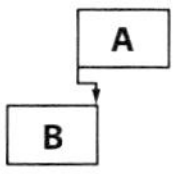

アクティビティ間の関係を順序変更の可能性から規定した用語として，強制依存関係（ハードロジック）と任意依存関係（選好ロジックまたはソフトロジック）がある．強制依存関係とは，建設プロジェクトで基礎が完成しないと上部構造物を載せられないなどの，順序の変更が不可能な関係である．一方，任意依存関係とは任意で順序を決められる関係であり，特定の順序の方が望ましい（工事しやすいなど）という理由で決められている関係をいう◀3.

アクティビティ前後の時間を必要とする論理的順序関係の用語に「リード」と「ラグ」がある．リードとは「後続アクティビティの開始を前倒しする論理的順序関係の修正」であり（リードをとる），ラグとは「後続アクティビティの開始を遅らせるような論理的順序関係の修正」（ラグをとる）と PMBOK で定義されている◀4.

このプロセスのアウトプットとして，スケジュールネットワーク図（図 2.6：25 ページ）が完成する．これはアクティビティ間の関係のみ

◀**3**　たとえば，大型タンクに細かい配管を接続するような場合，タンクを先に設置した後，そのノズルを目標に配管を接続する工事をする方が，タンクまわりのスペースを自由に使えるので工事がやりやすい．しかし，タンクの搬入が遅れた場合，配管を先に設置しておいてその後タンクを搬入することも不可能ではない．ただし，すでに設置された配管が据え付け用のクレーン作業やタンクの搬入路の邪魔になり，工事がやりにくくなることもある．

◀**4**　たとえば，海外からの機械の調達は，「船による運搬と港での通関手続きのためのリード（タイム）を取る必要がある」

が記述されたネットワーク図ということになる．

2.1.3 アクティビティ資源・所要期間見積り（T3，T4）

アクティビティ資源・所要期間見積りは，そのアクティビティを実行するために必要な材料，人員，機器，建機，消耗品等の種類と量を見積り，それを完了するのに必要な作業時間を見積るプロセスである（図2.4）．

この2つのプロセスはほぼ同時に実行される場合が多い．プロセスのツールとして必要資源，作業期間に関する過去のデータが重要である．過去のプロジェクトでの類似の作業実績データは信頼性が高いからである．その意味でも，現在の作業データを収集することは重要である．場合によっては，アクティビティの内容を熟知する専門家の判断が必要であり，作業に精通する熟練工などをコンサルタントとして雇わなければならない．またインプットにある利用可能資源量は限られている場合があり，その利用可能性や獲得競争に注意する必要がある．人的資源，機械などはその質によって所要時間が変わってくる（ベテランと若手の作業員の差など）ので，希少な資源の利用可能性は重要である．

アクティビティ所要期間見積りにおいては，「工数」という作業量を表す概念が重要である．これは［人数］×［時間］の次元をもち，人月またはマンマンス（Man-month），人日またはマンデイ（Man-day），人時またはマンアワー（Man-hour）などの単位が使われる◀5．エンジニアリングプロジェクトにおいては，投入マンアワーあたりの作業成果，すなわち作業能率，または生産性を考える場合が多い．一般の製造業の労働生産性と区別して，マンアワー生産性とも呼ばれる．機械を用いた作業においては，単位時間あたりの生産量・作業量である機械の能率・生産効率を用いる◀6．

人間が介在するマンアワー生産性（または歩掛）の過去データは，そのときの作業環境，作業員の熟練度，作業・工事規模などを考慮しなければならない．各作業には最も生産性の高い最適人数がある．人手が足りない作業には，単純に作業員数を2倍にすると処理量もほぼ2倍にな

▶ といい，また「コンクリートを打った場合には，固まるまでの養生期間というラグ（タイム）が必要」という．

◀5 建設・工事の分野では，「歩掛（ぶがかり）」という用語を使う場合が多い．歩掛とはある単位量の工事・製造を行うのに必要な工数を表し，人日または人工（にんく：人日と同じ意味）という単位が用いられる．

◀6 生産性，歩掛データベースは市販されているものもある．公共事業の場合に標準の工事期間を計算するニーズがあるためである．

インプット	ツールと技法	アウトプット
アクティビティリスト 利用可能資源量	専門家の判断 過去のデータによる見積り 公開見積りデータ	アクティビティ資源に関する要求リスト アクティビティ所要期間見積り

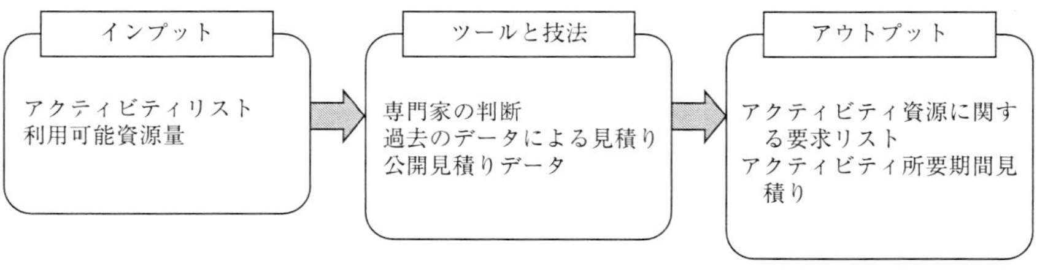

図 2.4　(T3，T4) アクティビティ資源・所要期間見積りプロセス

るが，すでに作業員も多く投入され作業スペースが十分になかったりした場合，作業員数を増やしても作業員の手待ちが発生して労働生産性が下がる場合もある．

2.1.4　スケジュール作成（T5）

スケジュール作成は，アクティビティ順序，所要期間，資源に対する制限下でスケジュールを作成するプロセスである（図 2.5）．

(1)　クリティカルパス法

クリティカルパスとは，最も長いアクティビティの経路（パス）である．したがって，クリティカルパス上の作業に遅れが生じると，プロジェクト完了日に遅れを及ぼす．

以下にクリティカルパスの求め方を示す．

プロジェクトスケジュールネットワーク図上のアクティビティに，(a) 最早開始日，(b) 最早終了日，(c) アクティビティの所要日数，(d) 最遅開始日，(e) 最遅終了日，(f) トータルフロートの欄を，図 2.6 の凡例に示すように設ける．

まず，前のプロセスで見積もった (c) アクティビティの所要日数（期間）を記入する．次に，往路経路計算（Forward Calculation）を行う．これは，プロジェクトの開始時点から順に各アクティビティの (a) 最早開始日と (b) 最早終了日を計算するものである．アクティビティの関係が FS（終了開始関係）のときは，直前のアクティビティがすべて終わった時点を最早開始日とすることができ，これに所要期間を足して最早終了日が得られる．最後のアクティビティまで計算すると，プロジェクトの最早終了日が得られる．今度は，このプロジェクトの完了時点から逆に，復路経路計算（Backward Calculation）を行って，各アクティビティの (d) 最遅終了日，(e) 最遅開始日を求めていく．

こうして復路経路計算をすべてのアクティビティについて行ってから，次のように (f) トータルフロートが求められる．

図 2.5　(T5) スケジュール作成プロセス

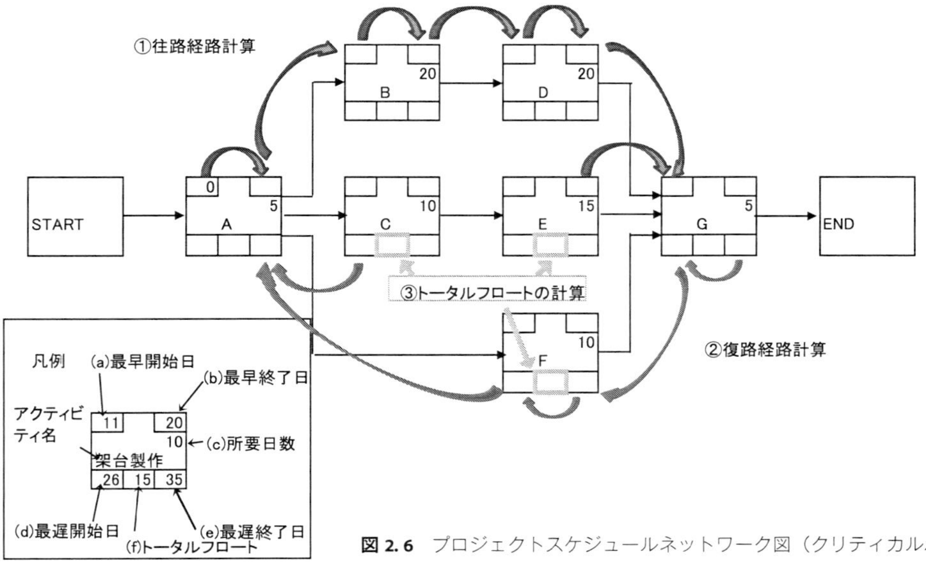

図 2.6　プロジェクトスケジュールネットワーク図（クリティカルパスの計算法）

(f) トータルフロート＝(d) 最遅開始日－(a) 最早開始日
＝(e) 最遅終了日－(b) 最早終了日

トータルフロートとは，プロジェクト全体の終了日を遅らせることなく，アクティビティを最早開始日から遅らせることができる期間である．いわば，アクティビティの持つ時間の余裕と捉えることができる．トータルフロートがゼロとなる経路がクリティカルパスである．さらに，フリーフロートも決められる．フリーフロートとは，直後に続くアクティビティの最早開始日を遅らせることなく，当該アクティビティを遅らせることができる期間である．

(2)　資源の平準化

完成されたスケジュールを表す図の形式としては，スケジュールネットワーク図のほかに，図 2.19（47 ページ）に示すようなバーチャートがあり，非常にわかりやすいことから実際のプロジェクトで多用されている．

クリティカルパスが得られたスケジュールネットワーク図を，図 2.7（A）のようにバーチャートを用いて時系列で表し，各アクティビティに必要な資源を時系列で集計してみる．すると，共通の資源を同時に複数のアクティビティが必要としているケースが生じ，資源に制限がある場合には，アクティビティの開始時期をずらさなければならない．資源の平準化によって，求めたクリティカルパスにはさらに時間がかかり，プロジェクト完了日が遅れるケースもありうる◀7.

クリティカルパス法で求められるクリティカルパス上の各アクティビ

◀7　スケジュールネットワーク図からバーチャートを作成する際，まずアクティビティの最早開始日に始めるようなスケジュールを組むと図 2.7（A）のようになる．作業人数を日ごとに集計すると，3 日目・4 日目は 3 人必要になる一方で，6 日目・9 日目は 1 人の作業となる．ここで図 2.7（B）の通り，作業順序を変えずにスケジュールを調整すると，図 2.7（C）の通り 1 日の必要人員は 2 人までに抑えられ，しかも完了日は変わらないという理想的な結果が得られる．

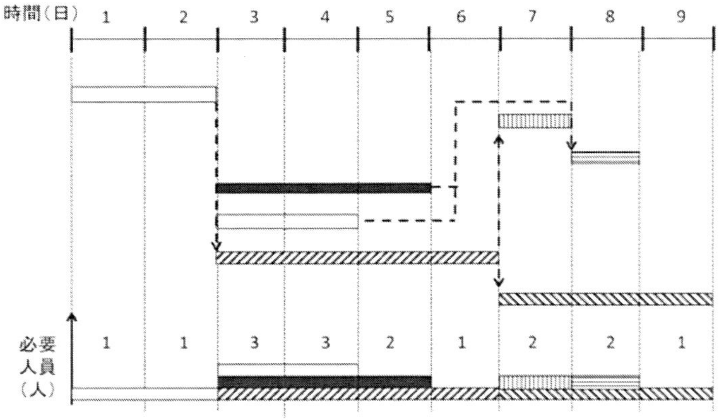

図 2. 7(A)　資源の平準化-山積み（各バーの必要人員がすべて 1 人の場合）
------>：アクティビティ間の FS 関係

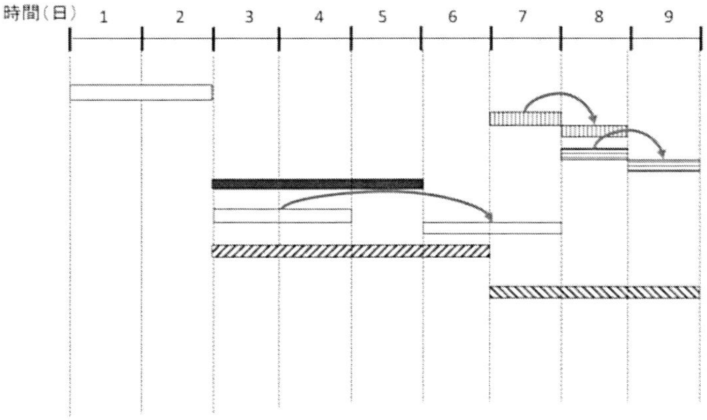

図 2. 7(B)　資源の平準化-山崩し

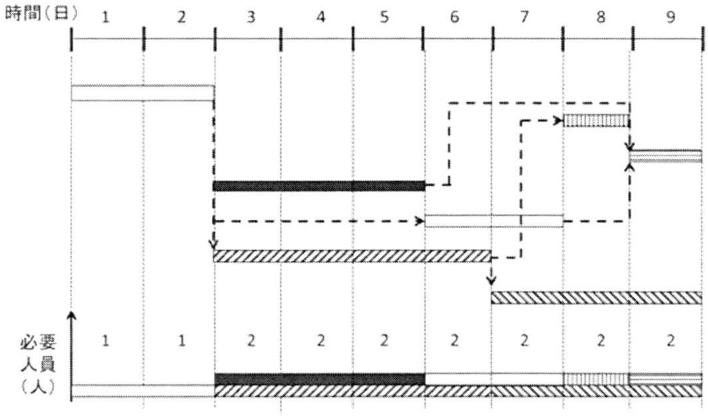

図 2. 7(C)　資源の平準化-最終形

ティ最早終了日は，資源の制限がない前提で得られるという点に注意する必要がある．必要資源量を時系列的に積み上げ（資源の「山積み」ともいう），それを調整する（資源の「山崩し」ともいう）ことで，資源量の制限を踏まえた実現可能なスケジュールを作成することができる．

資源の平準化を行うことのメリットは，次の2つがあげられる．

①建設プロジェクトなどにおいて作業のピークを平準化することで，作業員の最大人数を減らすことができ，作業期間中に建設現場に設置する作業員向けの設備（キャンプ，食堂など）の大きさを縮小できる．

②作業のピークを平準化しないと，作業員の現場への赴任／帰任，雇用／解雇を頻繁に行う必要が生ずる．平準化により，作業員の作業が連続し，手待ちの状態が減ることとなる．

このように，資源の平準化の主な目的はコストの縮小である．資源の平準化によって，必ずしも作業が効率化しスピードが上がるとは限らないことに注意すべきである◀8.

◀8 作業効率を上げるためには，足りない資源を追加投入し，同じメンバーによるチームで繰り返し作業，集中作業を行うことで学習効果を高めた方がよい．資源の平準化の結果，作業期間の過度の調整，同じメンバーによる多種作業の実施など，作業効率を落とす事象が発生する場合もある．

2.1.5 スケジュールコントロール

プロジェクト実行プロセスに入ると，計画したスケジュール通りに各作業を実行させるのがプロジェクトマネジメントの役割となる．その基本は，作業主体に作業開始の予告をし，作業の開始を指示し，作業の開始後はその進捗のモニタリングを行い，計画したスケジュールと比較し，遅れがある場合はそれを修正する指示をすることである．スケジュールコントロールのツールと技法としては，「パフォーマンスレビュー」や「スケジュールの短縮」などがある◀9.

◀9 パフォーマンスレビューの代表的な方法であるアーンドバリューマネジメントについては，2.2.5項で詳しく述べる．

ここで，スケジュールネットワーク図を構築して最適化したスケジュールを，さらに短縮する方法を2つ紹介する．実際のプロジェクトでは，種々の原因によりスケジュールは遅れがちになることも多く，これらの方法により遅れを挽回することが可能である．

(1) クラッシング（Crashing）

クラッシングとは，クリティカルパス上にあるアクティビティに予定量よりも多くの資源，すなわち作業員，建設機械などの必要ツール，材料，資金を投入することで，スケジュールを短縮する手法である．具体的には，残業や2交替制による夜間作業，この作業に携わる作業員・業者への追加報酬支払（アクセラレーション・フィーと呼ばれる）を支払う，などがある．クラッシングを行うとコストが増加する．言わばスケジュールとコストのトレードオフである．

(2) ファスト・トラッキング（Fast Tracking）

ファスト・トラッキングとは，予定された作業順序を逸脱して後に予定されているアクティビティを先行して開始し，同時並行作業を行うことでネットワークロジックを変更する手法である◀10．ファスト・トラッキングは，前の作業が予定通り進む前提で次の作業を先行させるので，もし前の作業が変更になると先行した作業をやり直さなければならなくなるというリスクを伴う．言わばスケジュールとリスクのトレードオフである．

◀10 たとえば，建物全体の設計が完了する前に基礎工事だけを先行して開始したりすること．

2.2 コストマネジメント

実際のプロジェクトにおいては，コストの制約が他の制約（時間，品質）に比べて決定的な影響を与える場合が多い．その点で，プロジェクトの様々な段階で必要となるコスト算出の重要性は高い．各時点におけるインプットの情報量は異なることから，その情報量に応じた手法でコストを計算することとなる．アウトプットとなるコスト見積りは，その手法と精度やばらつきの範囲を把握した上で利用しなければならない．以下，コストの見積り，管理手法について各プロセスに従って説明する．

2.2.1 コスト見積り（C1）

コスト見積りとは，アクティビティを完了するために必要な資源の概算金額を算出するプロセスである（図2.8）．コスト見積りと価格設定は異なる．価格設定とは経営上の判断であり，製品やサービスの対価としての請求額である◀1．コスト見積りは価格設定において考慮すべき1つの要素にすぎない．このプロセスは，アクティビティに必要なコストを見積もるプロセスである．

見積りには，データの精度に対応して次のような手法がある．

(1) 類推見積り

過去の類似プロジェクトの実コストを用いて，現在のプロジェクトのコストを見積もる方法である．過去の類似プロジェクトの規模，容量，期間，複雑さなどのパラメーターを利用して推定を行う．類推見積りは

◀1 たとえば，携帯電話は製造コストを無視して0円という価格設定で販売される場合がある．携帯電話を購入した顧客がその後の通信サービスに支払う価格の方が，はるかに高いからである．このように，後で初期損失を上回る利益を上げられる場合はよいが，それが期待できない場合は問題である．日本国内の製造業は製造コストが高く，人件費の安い国で製造される同種製品に比べ世界市場での価格競争力がない．やむを得ず，利益を減らしてでも製品価格を下げざるを得ない状況は多い．

インプット	ツールと技法	アウトプット
アクティビティリスト アクティビティ所要期間見積り	類推見積り 係数見積り ボトムアップ見積り	アクティビティコスト見積り

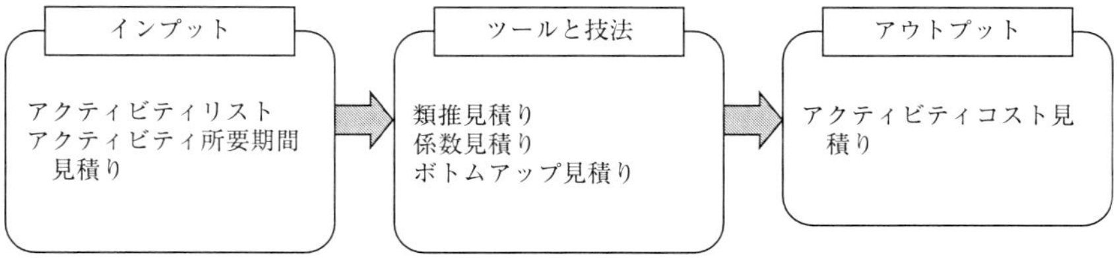

図2.8 （C1）コスト見積りプロセス

他の方法に比べて見積りに要する費用と時間は少ないものの，正確さでは劣る．プロジェクトの初期段階（フィージビリティスタディなど）で行われる超概算見積り（オーダー・オブ・マグニチュード見積り）などに用いられ，±50%程度の精度である◀2.

（2） 係数見積り

係数見積りとは，過去のデータやその他の変数を用いて，重回帰分析などの数理モデルによりコストを見積る方法である．この方法は，推定するモデルの精緻さのレベルや，組み込む変数の数などを変えることによって精度を高めることができる◀3.

（3） ボトムアップ見積り

個々のアクティビティまたはワークパッケージのコストを見積り後，見積り金額を集計・積算する方法である．アクティビティを細分化すれば，見積りに要する費用と得られた結果の精度はともに増加する．一般的にこの見積りを行う段階では，プロジェクトで調達される材料・製品・サービスを提供するサブコントラクター候補となる複数の主体（会社）に，この時点で明らかにできる業務範囲に基づく見積りを提出させる◀4.

2.2.2 コストの構成

コスト見積りを行う際には，コストの構成を明らかにする必要がある．多くの建設プロジェクトは図 2.9 に示す構成となっている．アクティビティの実行に必要なコストとしては，材料費（Material），人件費（Labor），作業に必要な機械の費用（Equipment）という捉え方をすると理解しやすく，これらは直接費である．一方で，プロジェクトのアクティビティによって製造されるデリバラブルを構成する要素にはならない費用は，間接費と捉えることができる．工事現場の仮設費用，すなわち工事のために必要で工事の終了とともに撤去される現場事務所およびそこで使われる電気・ガス・水道・コピー・通信費や，材料置き場のレンタル費などが該当する．この直接費と間接費に，プロジェクトマネジメントのための費用（プロジェクトマネジャーの人件費など）を計上したものがプロジェクトの費用となる．さらに，プロジェクトマネジメントを行う会社の一般管理費と利益を加えたものが，企業としてのプロジェクトの価格として提示される◀5.

2.2.3 アローワンスとコンティンジェンシー

アローワンス（allowance）とコンティンジェンシー（contingency）は，プロジェクトマネジメントにおいては似て非なるものと把握する必

◀2 プラント建設プロジェクトは，①実現可能性調査（フィージビリティスタディ），②基本設計，③詳細設計，④建設工事入札，⑤受注者決定，⑥工事発注契約，⑦現場建設工事，⑧試運転，⑨商業運転という順に段階的に進められる（詳しくは 2.5 節参照）．類推見積りは，①実現可能性調査または②基本設計というプロジェクトの初期段階で，詳細情報が少なく概略のコストしかわからない状況で行われる．たとえば，メガソーラーと呼ばれる太陽光発電パネルによる発電設備建設プロジェクトでは，

発電設備建設コスト（円）＝発電容量（kW）×30～40（万円/kW）

という式がある．これは類推見積りの典型的な例である．

◀3 係数見積りの例として，マンション価格の査定を挙げる．専有面積 x (m^2) のマンションの価格 y (円) はその地域にある物件の面積あたり標準単価 a_1 (円/m^2) と，交通の便（バス，徒歩での最寄駅までの時間），周辺環境，外装材などさまざまな要因をポイントにして算出した係数 a_2 を用いた式，$y=a_1 \cdot a_2 \cdot x$ が一般に使われている．プラント建設プロジェクトの場合は，基本設計から詳細設計での材料や部品コストの推定に用いられる．

◀4 プラント建設プロジェクトの詳細設計，建設工事入札のための見積りは，±5～±10% の高い精度で見積る必要があり，ボトムアップ見積りが実施される．たとえばサブコントラクターに委託する作業については，確定したできるかぎり変動しないコスト（最終購入価格と見なせる）を使用する．

◀5 建設プロジェクト以外のプロジェクト，たとえば新製品・商品開発，イベントの企画などでも，Material，Labor，Equipment を類推してリストアップすることでコスト見積りが可能になる．ラーメン屋の経

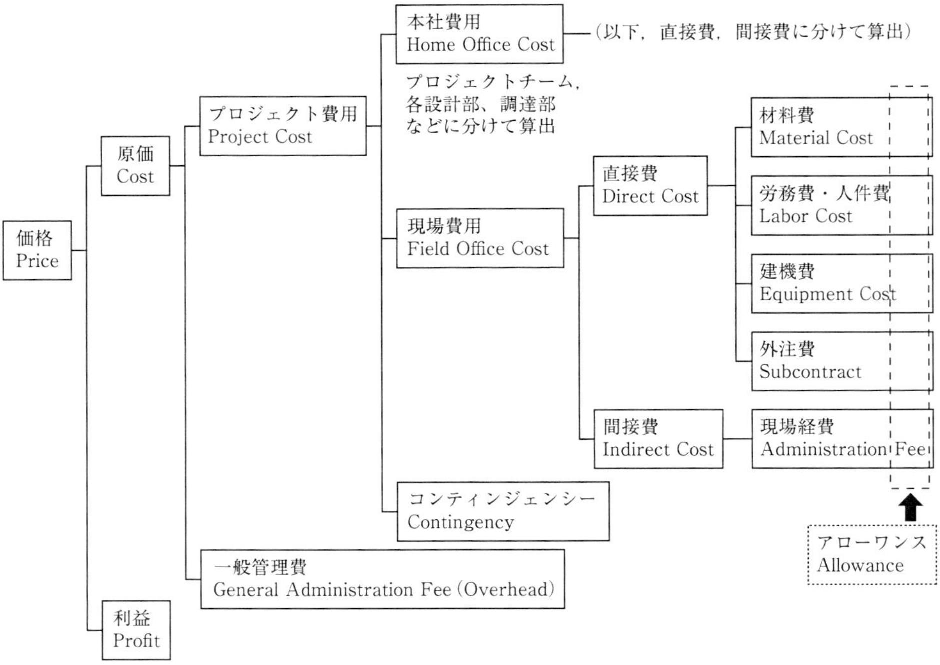

各コストの例

材料費	杭，コンクリート，鉄筋，鉄骨，パイプ，ケーブル 機器費（この材料費に含めて考える場合が多い）：タンク，計器，電気器具，空調設備
労務費・人件費	人件費（給料），雇用に関する諸費用（健康保険費用など）
建機費	建設機械のリース料（オペレーター付き），または機械損料、燃料費
外注費	他の会社に発注（サブコントラクト）する材料，機器，サービス
現場経費	現場事務所リース費，ユーティリティー（水道，電気，ガス），コピー，電話，ＦＡＸ 仮設工事費（仮設道路，仮置き場，仮排水，仮囲い），ガードマン，バリケード
本社費用	本プロジェクトを本社にて実施・支援するための費用 すなわちプロジェクトマネジメント，設計，調達管理などの費用
一般管理費	営業，経理，研究開発，人事，総務などの，本プロジェクト以外の部門の費用

図 2.9　コスト構成図

要がある．

アローワンスは，「見積り手法によって生ずる見積り精度を確実にするための予備費または予備数量（材料，時間など）」と定義されている（文献［2］）．すなわち，各要素設計部門（プロセス，機械，電気，制御，建築，土木など）が計算できる見積り時の情報の精度に対応した変動量の想定値であり，アローワンスの計算根拠の責任は各要素設計部門が負うべき性質のものである．見積りアローワンスはスコープの詳細が明らかになるに従い，減額される．

一方，コンティンジェンシーは，「経験的に起こるであろうと予測される出来事（リスク）に対処するための予備費」と定義されている（文

営の場合，Material Cost は麺，スープの素，ねぎ，チャーシュー，卵など，Labor Cost はコック，アルバイト店員の給料，Equipment Cost は厨房設備，食器，一般管理費は光熱費，水道費，店スペースの賃貸料などと，系統的に費目をリストアップできる．

献［2］）．これは通常，プロジェクトチームが行うリスクアセスメントで同定したリスクに対応するものであり，コンティンジェンシーの計算根拠の責任はプロジェクトチームが負うべき性質のものである．

ここまでの見積りプロセスのアウトプットとして，アクティビティコスト見積り，およびその見積りの詳細資料が得られる．詳細資料に含まれるものとして，見積りの根拠（見積り方法とデータ），前提条件，見積り額の変動範囲などがある．この見積り額をもとにした価格でプロジェクトが成約すれば，プロジェクトは実行プロセスに移り，プロジェクトチームはコスト管理を行うこととなる．

2.2.4 予算設定（C2）とベースライン

プロジェクトチームは，各実行組織（現場，各設計部など）に対して予算を振り分けることとなる．各実行組織が見積りも行った場合は，基本的にはその見積り額と同じ額が予算となる．しかし，利益を増加させるために，努力目標としてそれより少なめの予算が設定される場合もある．

予算が設定された後は，プロジェクトチーム，および各実行組織はコスト管理を行う．その基となるデータとしてベースラインがある．ベースラインとは，プロジェクトマネジメントが承認したスケジュール並びにコスト（資源を含む）をもとに，時系列展開された予算であり，数字またはカーブで示される．すなわち，各ワークパッケージ，アクティビティごとの予算をその作業が行われる期間に割り振り，時期ごとに集計して求められる．ベースラインは，図 2.21（49 ページ）のように図示される．多くのプロジェクトでSの形になる◀6ことから，Sカーブとも呼ばれる．

◀6 プロジェクト開始当初は進捗の速度が遅く，最盛期には進捗率が最大となり，終結時には手数がかかる割に成果が少なくなる．

2.2.5 アーンドバリューマネジメント

プロジェクトマネジメントおよびそのチームにとって，スケジュールとコストの目標を守ることは常に重視される．それらが守られずにプロジェクトが完了しても，数値目標に基づいた判定基準によればプロジェクトが成功したとは言えない．したがって，プロジェクトの進捗（成果物の完成）度合とそれに使用したコストが予定通りであるかどうかを随時チェックする必要がある．

計画値と実績値の比較により，プロジェクトの進捗を測ることは必ず行われている．しかし，その実績をあげるために予定より多くの予算，マンパワーをかけては，プロジェクト完成時に目標コストを超過するおそれがある．ここに，スケジュールとコストを同一のグラフで評価できるアーンドバリューマネジメント（EVM：Earned Value Management）を紹介する．

アーンドバリューは，「達成したスケジュールアクティビティまたはWBS要素としての作業を，その作業に対する承認済みの予算を用いて表示した値」とPMBOKで定義されている．これは，プロジェクトの開始から現時点までに完了したアクティビティに対応する，承認された予算金額の合計である◀7.

EVMにおいて用いられる変数は以下の通りである．

①**計画価値**（PV：Planned Value）：　ある時点までに実行されることになっていた作業に対する見積り価値．ある時点におけるベースライン予算の値◀8.

②**実績コスト**（AC：Actual Cost）：　ある時点までに完了した作業に対して使用した費用◀9.

③**アーンドバリュー**（EV：Earned Value）：　ある時点までに完了した作業に対する見積り価値．すでに完了した作業をそれにかかる予算を用いて計算した値◀10.

④**スケジュール差異**（SV：Schedule Variance）：　SV＝EV－PV．SV＞0の場合は，計画したスケジュールよりもプロジェクトが進んでいると判断できる．

⑤**コスト差異**（CV：Cost Variance）：　CV＝EV－AC．CV＞0の場合は，計画した予算内に実績コストが抑えられていると判断できる．

⑥**スケジュール効率指数**（SPI：Schedule Performance Index）：

$$\mathrm{SPI}=\frac{\mathrm{EV}}{\mathrm{PV}}$$

SPI＞1の場合は，予定したスケジュールの進捗度合よりも実際のスケジュールの進捗が上回っていることを示している．

⑦**コスト効率指数**（CPI：Cost Performance Index）：

$$\mathrm{CPI}=\frac{\mathrm{EV}}{\mathrm{AC}}$$

CPI＞1の場合は，予定したコスト効率よりも実際のコスト効率が上回っていることを示している．

⑧**完成予想コスト**（EAC：Estimate at Completion）：　プロジェクト完成時の予想コストである．完成予想コストは，（総）予算の見積り（BAC：Budget at Completion）を用いて，以下の2つの方法で計算される◀11.

(1)　EAC＝AC＋(BAC－EV)

(2)　EAC＝AC＋(BAC－EV)/CPI

◀7　アーンドバリューを「出来高」と訳している文献もあり（文献[2]），この方が理解しやすい場合もある．図2.10の例では，上の工数グラフのように単に実績コストと予算を比較するだけでは，コストの効率が悪いのか，スケジュールが進んでいるのかを即時に判断できない．ここに，アーンドバリューすなわち出来高（を予算で計算したもの）の曲線を加え，比較することで適切な判断ができ，是正措置を講ずることが容易となる．

◀8　BCWS（Budgeted Cost of Work Scheduled）とも呼ばれる．

◀9　ACWP（Actual Cost of Work Performed）とも呼ばれる．

◀10　BCWP（Budgeted Cost of Work Performed：予算基準完成高）とも呼ばれる．

◀11　(2)の方法は，今までのプロジェクトのコスト効率が今後も続くと想定し，残作業の予算であるBAC-EVを現在までのCPIで割って，EACを求めている．コストが超過する傾向で今まで進んできた場合には，そのコストオーバーのペースは今後も続くと想定する．一方，(1)の計算法はCPIでの補正を行わないので，見積り時の想定どおりのコスト効率でEACを計算する．

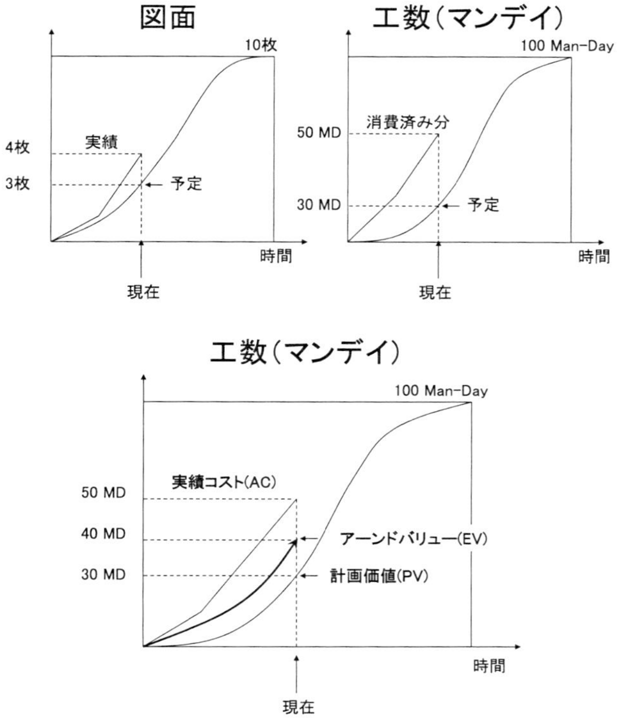

図 2.10　アーンドバリューの計算例

アーンドバリューを用いると，プロジェクトの比較的早い段階から EAC を計算して，プロジェクト成功の可能性を予想できる．たとえば，ある建築設計事務所で 10 枚の図面の作成を行う仕事で，ある時点で完成予定 3 枚のところ，4 枚完成した．また同じ時点までに，全体で 100 Man-Day のうち 50 Man-Day をすでに使用していたとする（図 2.10）．この場合のアーンドバリューは下記のように計算する．

図面作成作業全体に承認された予定工数（Man-Day）：100 Man-Day

図面作成の予定マンアワー生産性：

$$10\text{枚}/100\ \text{Man-Day}=0.1\ \text{枚}/\text{Man-Day}$$

現時点でのアーンドバリュー（EV）：

$$\frac{(\text{現在までの完成図面枚数})}{(\text{予定マンアワー生産性})}=\frac{4\text{枚}}{0.1\text{枚}/\text{Man-Day}}=40\ \text{Man-Day}$$

計画価値（PV）：　$\dfrac{3\text{枚}}{0.1\text{枚}/\text{Man-Day}}=30\ \text{Man-Day}$

実績コスト（AC）：　50 Man-Day

したがって，この時点では Man-Day 量の多い順に，実績コスト，アーンドバリュー，計画価値の順になる．これより，

SV＝EV－PV＝40－30＝＋10（予定のスケジュールより進んでいる）

CV＝EV－AC＝40－50＝－10　（予定の予算より超過している）
と判断できる．

2.3 リスクマネジメント

2.3.1 リスクの定義

最近リスクという言葉を聞かない日はないほどである．リスクの定義はさまざまであり，保険，株式市場，工事安全，化学物質と環境など，分野によって変わる．PMBOK では，プロジェクトにおけるリスクを「プロジェクトリスクとは，もし発生すれば，プロジェクト目標にプラスやマイナスの影響を及ぼす不確実な事象あるいは状態のことである．」と定義している．特徴的なことは，リスクを必ずしも脅威のみとして捉えるのではなく，好機としても捉えている点である．しかしながら，実際のプロジェクトではコストの損失，スケジュールの遅れといったマイナスの影響の方が圧倒的に多い．

図 2.1（20 ページ）に示したとおり，PMBOK においては，リスク特定，定性的リスク分析，定量的リスク分析，リスク対応計画，そしてリスク監視という流れでリスクマネジメントが行われる．

2.3.2 リスク特定（R1）

プロジェクトの開始時点，あるいは入札にて提示する価格の決定の前など，重要な局面においてリスクアセスメントを行う．最初に，リスク特定（Risk Identification）を行う．具体的には，これから開始されるプロジェクトの特徴を把握した上で，潜在的なリスク事象，つまりプロジェクトの遂行上で起こると何らかの利益・損失をあたえる事象を抽出

表 2.1　プラント建設プロジェクトにおけるリスクの大分類◀1

外部要因リスク	
A	カントリーリスク
B	経済環境の変化などによるリスク
C	顧客リスク（顧客の対外対応）
D	契約リスク
E	サイトリスク
F	輸送リスク
内部要因リスク	
G	技術リスク
H	マンパワーリスク
I	調達関連リスク
J	顧客リスク（顧客と自社との関係における）

◀1　外部要因リスク（External Risk）とはプロジェクトの外部の要因に関するリスクであり，内部要因リスク（Internal Risk）とはプロジェクト内部の要因に関するリスクである．外部要因リスクはその発生をコントロールできないが，発生したときの対処はできる．内部要因リスクは，プロジェクトチームのコントロールによってその発生を防ぐことも可能である．

表 2.2　サイトリスクを事例としたリスクチェック項目

1	言語（英語）の理解度
2	建設資機材の調達可能性
3	現地作業員動員可能性
4	通信事情
5	現地道路事情
6	サイトの整備状況（地形，障害物，道路，資材置き場など）
7	現地港湾事情による滞船の可能性
8	現地の地盤・土質条件が不明確
9	気候，気象条件，作業日数への影響
10	現地国内法をめぐる解釈問題や対立の発生
11	人種・宗教問題
12	労働法による第三国人の入国

する．これには，同種のプロジェクトの記録やデータを調べたり，経験を持つ専門家の意見を聞いたりする方法が有効である．また効率的にリスクの洗い出しを行えるチェックシートなどを利用する場合もある．プラント建設プロジェクトで用いられるリスクの大分類の例を表 2.1 に，サイトリスクを事例としたリスクチェック項目のチェックシートを表 2.2 に示す．

2.3.3　リスクの定性的分析（R2）・定量的分析（R3）

洗い出されたリスク項目について分析を行う．リスクを定量化する際には下記の式が基本となる．

リスクの金額評価＝発生確率×発生影響額

「発生確率」は，そのリスク事象が起こる確率である．「発生影響額」は，そのリスク事象が起こった際に与える損害額の大きさである．これら 2 つの変数をかけたものが，確率理論でいう期待値である．リスクは，この発生確率と発生影響額の二軸でとらえられる．一般的な建設プロジェクトにおけるリスクを，この二軸で模式的に図示した例を図 2.11 に示す．

図 2.11 において，上の方がリスクの金額評価が大きいものとなる．プロジェクトマネジメントにおけるリスクマネジメントの原則は，発生頻度と損害額の積である期待値でリスクの重大さを評価し，その大きいものから順に対処するということである．また利用可能な情報の量，精度，およびリスク分析にて求める情報の質によって，定性的リスク分析か定量的リスク分析のうち適切なツールを選択する．

リスク分析のプロセスは図 2.12 のように表される．

具体的なリスク分析方法のうち，簡単ながら効果的な手法を紹介す

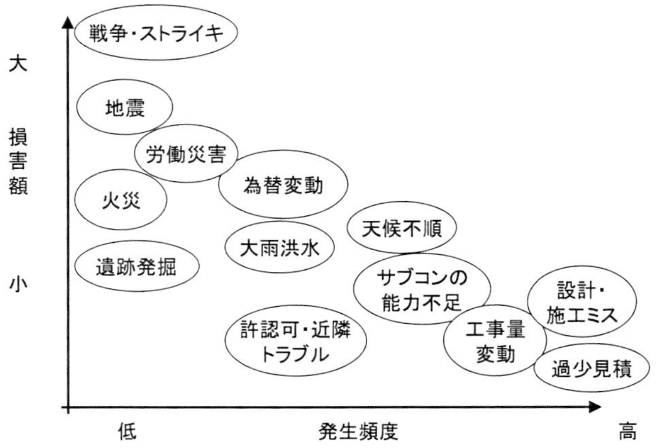

図 2. 11　建設プロジェクトにおけるリスクの例

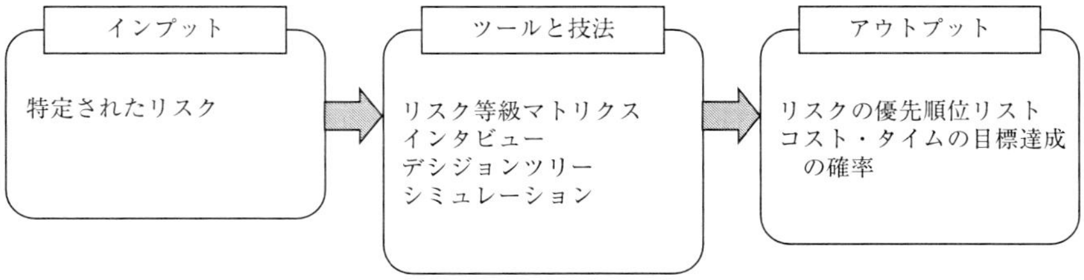

図 2. 12　（R2，R3）定性的・定量的リスク分析プロセス

る．

(1)　リスク等級マトリクス

特定されたリスク事象に対して，発生確率と発生した場合の損失・影響額について点数を付与し，定量化する手法である．

発生確率については，過去のプロジェクトデータ，専門家の判断をもとに 0.1〜0.9 といったおよその値を与える．また発生した際の影響度についても，コスト，スケジュール，品質などについて，次のような点数を与える◀2．

◀2　この例ではポイントは非線形に設定したが，必ずしもそうである必要はない．

プロジェクト目標に比較しての評価	非常に低い	低い	普通	高い	非常に高い
ポイント	0.05	0.1	0.2	0.4	0.8

それぞれのリスク事象に対し，

発生確率の値×発生影響度のポイント＝リスク点数

を求める．このポイント制による定量的評価により，リスク点数の順序を決めることができ，リスク点数の大きい事象の順に対策をとるという判断が可能になる．

(2)　デシジョンツリー分析

リスク事象について，対策の採用・不採用を決定する際に用いる分析

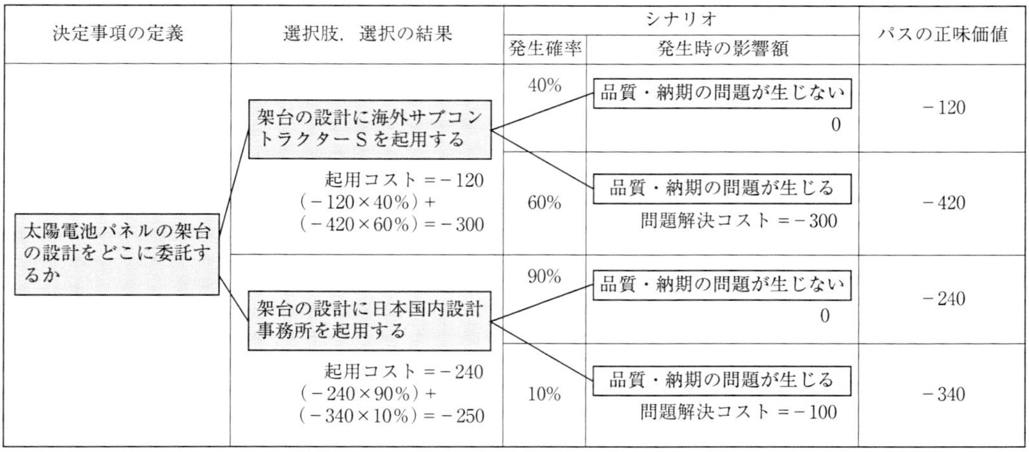
決定事項の定義
選択肢，選択の結果
シナリオ
発生確率
発生時の影響額
パスの正味価値
太陽電池パネルの架台の設計をどこに委託するか
架台の設計に海外サブコントラクターSを起用する
起用コスト＝−120
(−120×40％)＋
(−420×60％)＝−300
40%
品質・納期の問題が生じない
0
−120
60%
品質・納期の問題が生じる
問題解決コスト＝−300
−420
架台の設計に日本国内設計事務所を起用する
起用コスト＝−240
(−240×90％)＋
(−340×10％)＝−250
90%
品質・納期の問題が生じない
0
−240
10%
品質・納期の問題が生じる
問題解決コスト＝−100
−340

図 2.13　デシジョンツリー分析の例

である．

図 2.13 に示す例は，後の 2.4 節で述べる海外の太陽光発電プロジェクトにおいて，パネル用の鋼製架台の設計を地元のサブコントラクター会社に委託するか，日本国内設計事務所に委託するかの決定根拠にデシジョンツリーを用いたものである◀3．地元会社に委託すると，設計費用が日本の 1/2 で済むのがメリットである．しかしその場合，品質・納期の問題が生じる可能性が，過去のデータから 60％（5 回のうち 3 回は問題発生）であると確認できた．一方で，日本に委託すると，品質・納期の問題の発生可能性は 10％にすぎず，またたとえ発生したとしても問題解決のコストは低い．この分析の結果，日本の設計事務所に委託した方（-250）が，海外サブコントラクターを起用する（-300）より，コストの期待値が小さいという結論を得た．

◀3　業務委託を国内にするか海外にするかの意思決定は近年のプロジェクトで頻出する重要な問題であり，品質，コスト，スケジュールを考慮した高度な判断が求められる．

(3)　モデル化とシミュレーション

リスクを伴う作業（群）について，予想される時間・コストの幅を過去のデータや経験豊富な専門家にインタビューし，モデル化することでリスクを定量化する．その際，よく用いられるのが三角分布とベータ分布である．どちらの分布も，最も楽観的な（最小，最短）値（a），最も起こりやすい（最頻）値（b），および最も悲観的な（最大，最長）値（c）の三点で規定される（三点見積りとも呼ぶ）．分布の平均値と分散は表 2.3 のように定められる．

例として，後の 2.4 節で述べる太陽光発電プロジェクトにおける太陽光パネルの設置作業の時間を考える．作業手順は，

基礎工事 → 架台・パネル設置 → ケーブル配線

表 2.3　三角分布とベータ分布

	三角分布	ベータ分布
平均値 μ	$\dfrac{(a+b+c)}{3}$	$\dfrac{(a+4b+c)}{6}$
分散 V	$\dfrac{(a^2+b^2+c^2-ab-ac-bc)}{18}$	$\dfrac{\alpha_1\alpha_2}{(\alpha_1+\alpha_2)^2(\alpha_1+\alpha_2+1)}$ ただし, $\alpha_1=\dfrac{(\mu-a)(2b-a-c)}{(b-\mu)(c-a)}$ $\alpha_2=\dfrac{\alpha_1(c-\mu)}{(\mu-a)}$
分布関数の形状	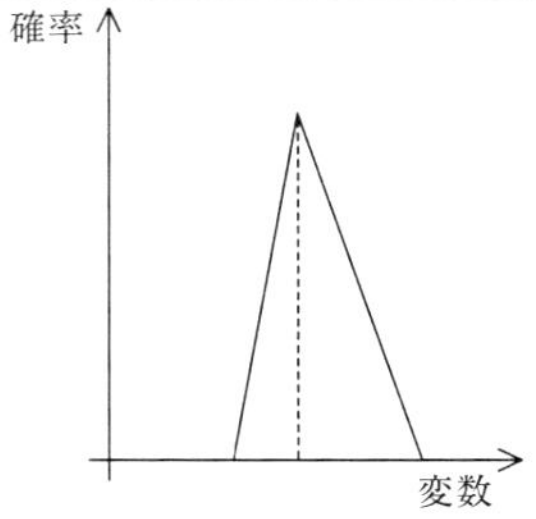	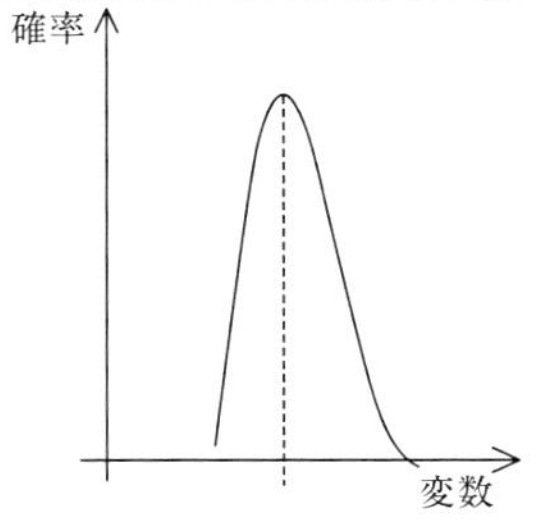

表 2.4　太陽光パネルの設置作業期間　（単位：日）

	最短値	最頻値	最長値
基礎工事	7	8	11
架台・パネル設置	4	6	8
ケーブル配線	5	7	12
合計	16	21	31

であり，それぞれの作業時間について専門家の意見を聞いたところ，表 2.4 の結果が得られた．

これを三角分布で表し，分布のパラメーターとして平均値，分散を求め，工事期間の合計値の分布パラメーターを求める◀4．

図 2.14 は，計算された分布パラメーターをもとに，正規分布を仮定して作成した累積確率分布を示している．一般にプロジェクトの期間，コストに関する推定は悲観値側に伸びた三角分布になる場合が多い．そのため，この例でも全作業期間の平均値は 22.7 日と，最頻値の合計値である 21 日より大きく，逆に 21 日に対応する確率は 18.8% と小さくなる．すなわち，最頻値の合計値で作業が終わる確率は低いことがわかる．

(4)　モンテカルロシミュレーション

リスク事象を確率分布的に捉え，それを足し合わせる方法である．特にスケジュールについて，各作業にかかる期間を確率分布として設定しインプットすると，プロジェクト全体の完了日が確率分布として予想される◀5．

以上のリスク分析のアウトプットとして得られるものは，①追求すべ

◀ **4**　標準偏差は分散の平方根で求める．

◀ **5**　ただし，実際のプロジェクトでは各作業の遅延が互いに独立である場合は少なく，モデル化には注意を要する．

	最短	最頻値	最長	平均	分散
基礎工事	7	8	11	8.67	0.722
架台・パネル	4	6	8	6.00	0.667
ケーブル配線	5	7	12	8.00	2.167
合計（日）	16	21	31	22.7	3.6

全作業期間は，平均 $\mu=22.7$，標準偏差 $\sigma=\sqrt{3.6}=1.90$ の確率分布

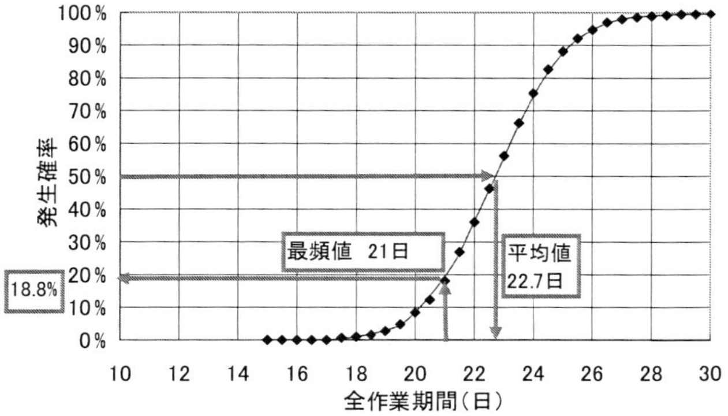

図 2. 14　太陽光パネル全設置作業期間の累積確率分布

き好機と対応すべき脅威の識別 (Opportunities to pursue, Threats to respond) と，②無視すべき好機と受容すべき脅威の識別 (Opportunities to ignore, Threats to accept) であり，リスクの優先順位やコストとスケジュールの目標達成確率などがある．

2.3.4 リスク対応計画（R4）

このプロセスは図 2.15 のように記述される．リスク分析の結果，優先順位の高いリスク事象から順に，個々のリスクに対して最も効果的と思われる対応戦略を選ぶ．具体的なリスク対応策を案出・策定する上で，次に示す戦略がヒントとなる．

(1)　マイナスのリスク，脅威に対する戦略

①**回避** (Avoidance)：　リスク事象のある作業・手段・経路を避けるようにプロジェクトマネジメント計画を変更すること◀6．迂回策 (detour) とも呼ばれる．リスク回避によって脅威を完全に取り除くこ

◀ **6**　たとえば，ある国のサブコントラクターの能力が低い可能性がある場合，その会社を採用しないこと．

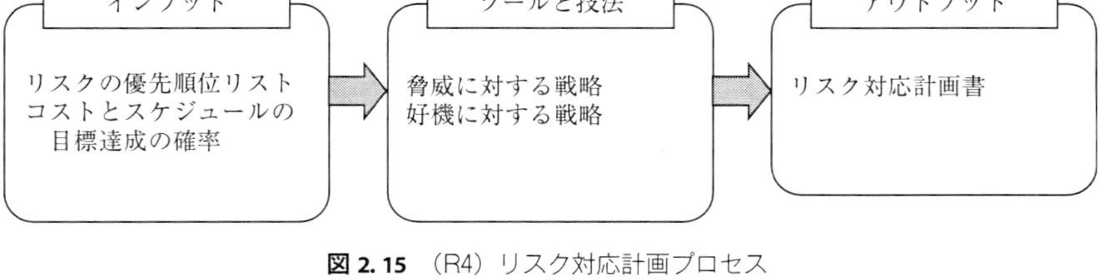

図 2. 15　(R4) リスク対応計画プロセス

とが可能である．

②**転嫁**（Transfer）：　脅威によるマイナス影響の一部または全部を第三者に移転すること◀7．リスク転嫁は，リスクをマネジメントする責任を単に第三者に渡すだけであり，リスクを取り除くものではない．

③**軽減**（Mitigation）：　悪影響を及ぼすリスク事象の発生確率や発生損害度を受容可能な限界値以下まで減少させること◀8．

④**受容**（Acceptance）：　脅威を除去，減少させることが不可能，あるいは脅威が十分小さいと判断された場合は，受容戦略を採用する．つまり，プロジェクト計画を変更せず，リスク事象が起きた時にプロジェクトチームが対処することである．より能動的にリスクに対処するために，時間，資金，資源量などに関してコンティンジェンシーを設けることも受容と見なされる◀9．

(2)　プラスのリスク，好機に対する戦略

①**活用**（Exploitation）：　好機が確実に到来するようにすることで，プラスの影響をもつリスクに関する不確実性の除去を目指すこと◀10．

②**共有**（Sharing）：　プロジェクトの利益となる好機をとらえる能力の最も高い第三者に，好機を実行する権限の一部または全部を割り当てること◀11．

③**強化**（Enhancement）：　プラスの影響を及ぼす好機の主な発生要因を特定し，最大化することで，その好機の発生確率を上げること◀12．

④**受容**（Acceptance）：　好機に対して積極的な追求はしないで，実現した時にはその利益を享受すること．

PMBOK では以上のような好機に対する戦略が説明されているものの，脅威に対する戦略に比べ戦略間の違いが明確ではない．これら一連の作業によって，リスクの抽出，評価，対応策の記述がまとめられたリスク登録簿を完成させる◀13．

◀**7**　各種保険（損害保険）や履行保証（ボンド）などは典型的なリスク転嫁．

◀**8**　たとえば，実地試験，モデルの作成，専門家の起用，より信頼性の高いサブコントラクターの起用などが，リスク事象の発生確率を下げる軽減策となる．安価なものの信頼性のないサブコントラクターの業務範囲の縮小などは，発生損害度の軽減策となる．

◀**9**　なお，コンティンジェンシーを設ける場合には，それを使用する判断基準（トリガー条件）を定めるべきである．

◀**10**　たとえば，より有能な人材をプロジェクトに加えることで完成までの期間を短縮したり，計画よりも安いコストで提供したりすることなどがある．

◀**11**　リスク共有のパートナーシップ，特定目的会社（SPC），ジョイントベンチャーの形成などがこれに当たる．

◀**12**　たとえば，主要要因のアクティビティを早く終了させるために，より多くの資源を追加投入することが挙げられる．

◀**13**　後述の表 2.7（53 ページ）が一例.

2.4　太陽光発電プロジェクトの事例

本節では，実際のプロジェクトを想定して，これまで説明したタイム，コスト，リスクマネジメントの手法の適用例を解説する．

2.4.1　プロジェクトの概要

熱帯地域にある X 国では，再生可能エネルギーの開発に力を入れてきている．そのような背景から，ある教育機関の敷地の一部に，日本製の太陽電池パネルによる発電施設を建設するプロジェクトを実施することとなった．プロジェクトの内容は，太陽電池パネルで発電した電力を直流から交流に変換し，同施設で使用するほか余剰電力は地元の電力会社に売電するものである．太陽電池パネルはビル屋上と地上の2か所に設置する．それぞれ架台のタイプが異なり，工事方法が異なる．

主なシステム構成は下記の通りである．

太陽光パネル設置場所：	2か所（ビル屋上，地上）
太陽光パネル：	最大出力 100W/枚
パネル枚数：	252枚（ビル屋上84枚，地上168枚）
施設最大出力：	25 kW
計測器：	温度計，日射計

プロジェクト建設現場のイメージを図2.16に示す．

契約関係は以下の通りである．

- **事業主体：**　N教育機関（X国）
- **太陽光発電システムの設計・調達・建設・試運転：**
  Yエンジニアリング（日本企業）
- **主なサブコントラクター**（すべてX国）
  サブコントラクターK：　電気関連製品のX国への輸入，現地側設計，電気工事管理
  サブコントラクターS：　パネル架台製作，現場土木，建築，電気工事

Yエンジニアリングのプロジェクトマネジャーの立場から見たプロジェクトのスコープは以下のようになる．

- **プロジェクト目標：**　太陽光発電および計測システムの設計・調達・建設・試運転を完了する．
- **期間：**　20xx年1月1日から8月15日（7.5か月）．
- **制約条件：**　予算　1.0億円

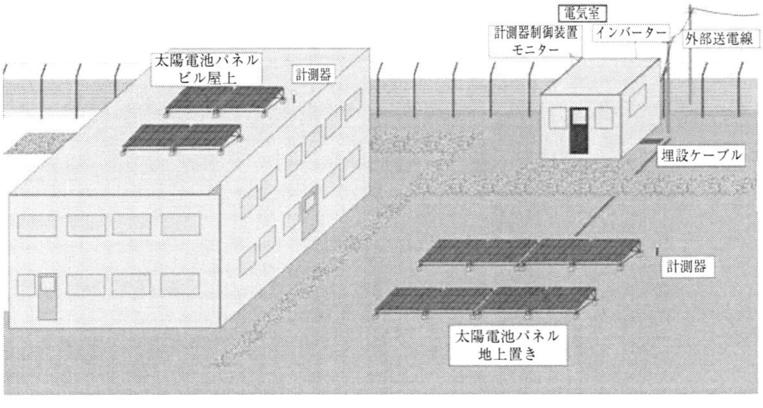

図 2.16　太陽光発電プロジェクトのイメージ図

プロジェクトの流れは，以下のようになる．

プロジェクトマネジャーに指名されたW君は，プロジェクトの計画を立てる．WBSを構築し，キーパーソンとなる人材を確保する．このプロジェクトでは電気が中心であり，主担当者となる若手の電気エンジニアQ君を右腕として確保する．また，ビル屋上，および地上置きのパネルの架台の設計・製作・工事があるので，そのアドバイザーとして建築構造エンジニアにも協力を要請する．

X国に出張し，顧客とキックオフミーティングを行う．パネル設置の予定位置はすでに確保されているのでその場所の現地調査を行い，工事の際の干渉（すでにある施設が工事の邪魔にならないか，工事車両のアクセスは可能か）がないか，すでにある電気室に新たな設備（インバータ，制御装置など）を置くスペースがあるかなどをチェックし，現在の状況を確認できるビル屋上や電気室の図面のコピーを入手する．また，今回工事に起用する現地のサブコントラクター2社とのキックオフミーティングも行う．依頼する仕事内容の確認，契約の締結を行う◀1．

◀1　契約については，同一言語・文化を持つ単一民族国家からなり，調和と協調を重視する日本とは異なり，欧米諸国では様々な人種，言語，宗教，文化により構成される異質社会が前提であるため，当事者間の権利・義務を明確・詳細に規定した契約が重視される．海外プロジェクトではこの欧米流の契約の考え方が一般的であり，日本の場合よりも契約書の締結までには時間がかかることを考慮しておかなければならない．

太陽電池パネル，インバーター，計測器など主な機器は日本のメーカーから調達するので，メーカー，機種の選定，購入契約の締結を行い，またX国への輸出の手続きを確認する．また，現地調査の情報をもとに，パネル配線，パネル架台の詳細設計を行う．

工事開始となる半月前くらいに再度現地に出張し，サブコントラクターの準備の状況をチェックする．購入品が現地に搬入されているか，現地購入品はそろっているか，工事業者による作業員の手配はできているか，顧客現場への仮設事務所，工事材料の保管スペースがあるか，などを確認する．

いよいよ工事のために現場赴任し，現場事務所を開設する．パネル用架台の基礎，架台の搬入と据付け，パネルの設置，配線と短期間に集中して工事を実施する．サブコントラクターS社に電気・土木工事を委託しているので，彼らが必要な作業員を動員し，仕事を進めてくれるように便宜をはかり督促をする．

工事が完了したあとは試運転を行う．結線，アースなどを調べ，設計通りの発電と送電ができているか，計測器の値が正確かどうかを調べる．最後に計測データを記録できることを確認して，現場を撤収して帰任することとなる．

2.4.2　タイムマネジメントの事例

(1)　WBSの構築

スケジュール計画の最初はWBSの構築である．WBSは仕事の流れ

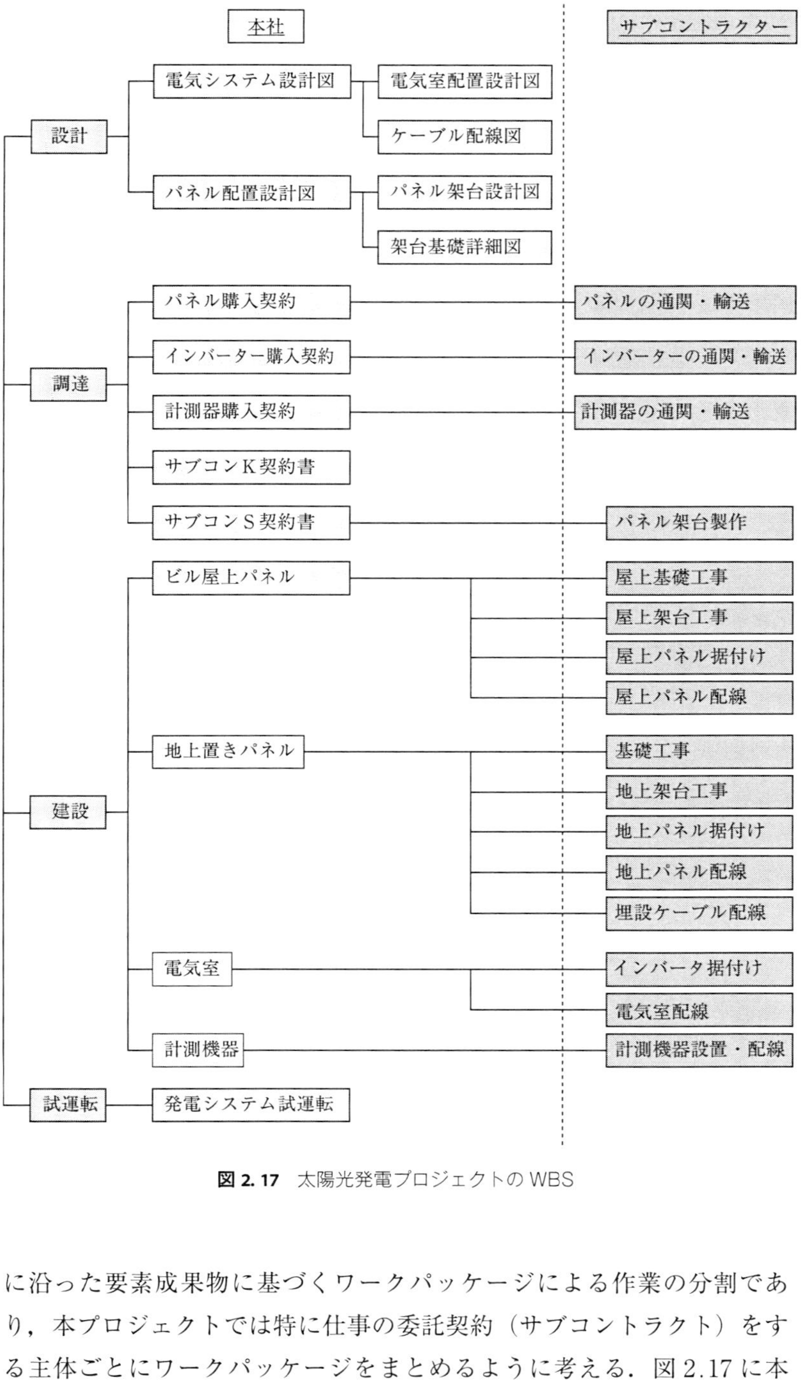

図 2.17 太陽光発電プロジェクトの WBS

に沿った要素成果物に基づくワークパッケージによる作業の分割であり，本プロジェクトでは特に仕事の委託契約（サブコントラクト）をする主体ごとにワークパッケージをまとめるように考える．図 2.17 に本プロジェクトの WBS を示す．ここでは現場工事を行うサブコントラクターSの業務が多い．

(2) アクティビティリストの作成

WBS を構成するワークパッケージをさらにアクティビティに分け，

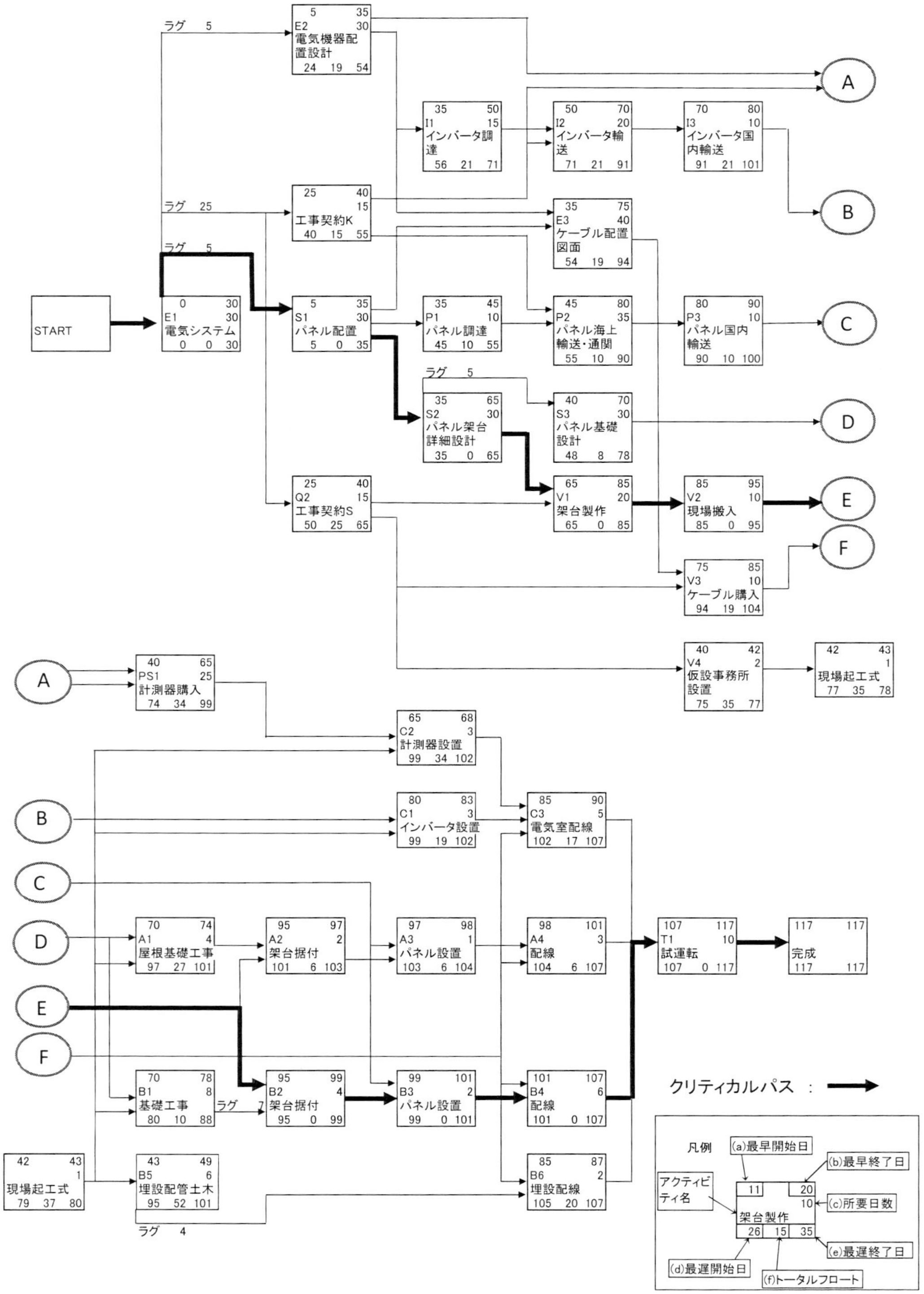

図 2. 18　スケジュールネットワーク図

表 2.5　太陽光発電プロジェクトアクティビティリストおよびコスト

コード Code	作業項目 Activity Item	担当者／会社 Person/Group in charge	数量 Work Volume	作業効率 Efficiency	必要工数 MD[2]	作業員数 Equip-ment	作業日数 Dura-tion (day)	コスト種別 Type of Cost	単価 Unit Cost	単位 Unit	総額（千円）
E1	電気システム設計[1]	電気	図面 3 枚	図面 0.2 枚/MD	15			人件費	60	千円/MD	900
E2	電気機器配置設計[1]	電気	図面 3 枚	図面 0.2 枚/MD	15			人件費	60	千円/MD	900
E3	ケーブル配置図面[1]	電気	図面 20 枚	図面 0.4 枚/MD	50			人件費	60	千円/MD	3,000
S1	パネル配置設計[1]	プロジェクト	図面 3 枚	図面 0.2 枚/MD	15			人件費	60	千円/MD	900
S2	パネル架台詳細設計[1]	土木	図面 3 枚	図面 0.2 枚/MD	15			人件費	60	千円/MD	900
S3	パネル基礎設計[1]	土木	図面 3 枚	図面 0.2 枚/MD	15			人件費	60	千円/MD	900
P1	パネル調達・契約[3]	プロジェクト	2 週間					機器費：パネル	240	千円/枚	60,480
P2	パネル海上輸送・通関[3]	サブコン K	5 週間					輸送費		機器費に含む	
P3	パネル国内輸送[3]	サブコン K	1 週間					国内輸送費		機器費に含む	
I1	インバーター調達・契約[3]	プロジェクト	3 週間					機器費：インバーター	2000	千円/台	2,000
I2	インバーター航空輸送・通関[3]	サブコン K	2 週間					輸送費		機器費に含む	
I3	インバーター国内輸送[3]	サブコン K	1 週間					国内輸送費		機器費に含む	
PS1	計測器[4]購入・航空輸送・通関	プロジェクト	5 週間					機器費他すべて含む	1600	千円	1,600
Q1	工事契約　サブコン K	プロジェクト	3 週間								6,613
Q2	工事契約　サブコン S	プロジェクト	3 週間								1,924
V1	架台製作[5]	サブコン S	4 週間					機器費他すべて含む	800	千円	9,600
V2	現場搬入[5]	サブコン S	1 週間					国内輸送費		機器費に含む	
V3	電気ケーブル・バルク材購入・搬入	サブコン S	2 週間					機器費他すべて含む	1000	千円	1,000
	現場起工式		1 日								
V4	仮設事務所設置	サブコン S	2 日	8 人/日	16		2	人件費	16	千円/MD	256
								機器費：事務所レンタル	400	千円	400
	ビル屋上パネル										
A1	屋上基礎工事	サブコン S	24 個	6 個/4 人・日	16		4	人件費	24	千円/MD	384
								機器費：基礎	10	千円/個	240
A2	架台据付け	サブコン S	4 台	2 台/8 人・日	16		2	人件費	16	千円/MD	256
A3	パネル設置	サブコン S	84 枚	21 枚/2 人・日	8	8 人	1	人件費	16	千円/MD	128
A4	配線	サブコン S	84 枚分	7 枚/2 人・日	24	8 人	3	人件費	16	千円/MD	384
	地上パネル										
B1	基礎工事	サブコン S	48 個＋1 週間養生	6 個/8 人・日	64		8	人件費	16	千円/MD	1,024
								機器費：基礎	20	千円/個	960
B2	架台組み立て・設置	サブコン S	8 台	2 台/8 人・日	32		4	人件費	16	千円/MD	512
B3	パネル設置	サブコン S	168 枚	21 枚/2 人・日	16	8 人	2	人件費	16	千円/MD	256
B4	配線	サブコン S	168 枚分	7 枚/2 人・日	48	8 人	6	人件費	16	千円/MD	768
B5	埋設配線用土木工事	サブコン S	0.6m×0.5m×80m ×2 回（掘削・埋め戻し）	$8m^3$/8 人・日	48		6	人件費	16	千円/MD	768
B6	埋設配線	サブコン S	80m	40m/8 人・日	16		2	人件費	16	千円/MD	256
C1	インバーター設置	サブコン K，サブコン S	3 日	8 人/日	24		3	人件費	16	千円/MD	384
C2	計測器設置	サブコン K，サブコン S	3 日	8 人/日	24		3	人件費	16	千円/MD	384
C3	電気室配線	サブコン K，サブコン S	1 週間	8 人/日	40		5	人件費	16	千円/MD	640
T1	試運転	サブコン K	2 週間	4 人/日	40		10	人件費	16	千円/MD	640
	プロジェクト合計				432						99,357
	内訳　設計										7,500
	内訳　調達										64,080
	内訳　工事										27,777

注　1）設計の項目については，成果物（図面など）の初版発行で 66%，最終版発行で 100% の価値（value）が得られるものとする．
2）MD：Man-Day
3）これら海外調達品の項目については，購入契約で 20%，通関終了で 70%，現場到着で 100% の価値（value）が得られるものとする．
4）計測器は，温度計：8，日射計：2
5）製作で 80%，現場到着で 100% の価値（value）が得られるものとする．

時間，必要資源の見積りに必要なワークボリュームを把握できる単位にする◀2．表 2.5 に本プロジェクトのアクティビティリストを示す．特に工事の段階になるとプロジェクト完了日（納期限）までの時間が短いので，日単位の細かいスケジュール管理が必要になる．よって，アクテ

◀**2**　たとえば，パネル設置工事は架台の基礎工事，架台の据付け，パネルの設置，配線といった細かい作業に分割する．

ィビティも細分化して管理する必要がある．

(3) アクティビティの依存関係の作成

リストアップされたアクティビティ相互の時間的な関係を決めていく．これはスケジュールネットワーク図（図 2.18）作成の前段階の作業となる◀3．また，リード，ラグについてもこの時点で考慮する必要がある．架台の基礎コンクリートは，コンクリートが硬化して強度が出るまでの期間を待たなければ架台を据え付けることができない◀4．これはコンクリート打設というアクティビティ終了からのラグになる．

(4) ネットワークダイアグラムの完成とクリティカルパスの同定

アクティビティ依存関係，リード，ラグがネットワークダイアグラムの形に記述できたら，往路・復路経路計算を行って，各アクティビティの最早/最遅の開始日/終了日を決める．その結果，各経路のフロートが決まり，クリティカルパスが図 2.18 のスケジュールネットワーク図のように決定される◀5．

(5) 資源の平準化

次に，現場工事開始以降のスケジュールを対象として，日単位で表したバーチャートのスケジュールを図 2.19 に示す．その際，各アクティビティを実行するために必要な資源（作業員，機械など）を，バーチャートの下の部分で計上・集計する．現場工事については，エリアの制限，工事業者の制限を考慮しなければならない◀6．こうして，作業の重複や連続性を考えながら作成したバーチャートが最も実現性の高いスケジュールとなる◀7．短縮の結果，逆に特定期間の総作業員の数が多くなりすぎると，作業員の宿泊施設を増やす必要が生じるなど，コストアップの要因となる点に注意しなければならない．

2.4.3 コストマネジメントの事例

(1) ベースライン作成

確定したスケジュール（図 2.19）と予算を用いてベースラインを作成する．プロジェクトチームが実施または管理する作業については，その期間内に消費する直接費に応じて進捗度（%）を設定する．作業・工事の場合には労務・人件費，すなわち Man-Day に比例して設定する．

他社に委託する作業については，進捗の区切りとなるようなイベントに進捗度（%）を設定して考える◀8．ベースラインの単位は，Man-Day も金額に変更し統一する．それぞれのアクティビティのバーの下に期間ごとに予定される達成価値を配分する．それを期間ごとに合計することで PV（計画価値）が得られる．この合計値を時系列のグラフに表すと PV の累積カーブ，すなわち S カーブが完成する．本プロジェク

◀3 たとえば，パネルの据付けの前には日本で購入したパネルは現場まで届いていなければならず，パネルを据え付ける架台は工事が終わっていなければならない．これらのアクティビティは FS 関係で結ばれる必要がある．

◀4 これをコンクリートの「養生」といい，通常 7 日程度を見込む．

◀5 ただし，この段階でのクリティカルパスは必要資源量の調整ができていない．必要な資源は無制限にいつでも動員できる前提で作成されているので，実際の状況は次段階の資源の山積み山崩しを行わないと把握できない．

◀6 たとえば，コンクリート基礎の工事は地上の基礎を先に行い，コンクリートの養生期間に作業員が他のエリアのコンクリート工事に移動する方が効率的である．

◀7 図 2.19 のスケジュールは，与えられたアクティビティの依存関係の範囲内でさらに短縮が可能である．

◀8 たとえば，パネルの調達・契約については，引合い先準備（10%），引合い・入札（30%），契約先・契約金額決定，発注（50%），納品（100%）などと設定できる．パネルの輸送・通関については，工場発送，船積み，海上輸送・入港，通関済みなどのイベントが設定できる．

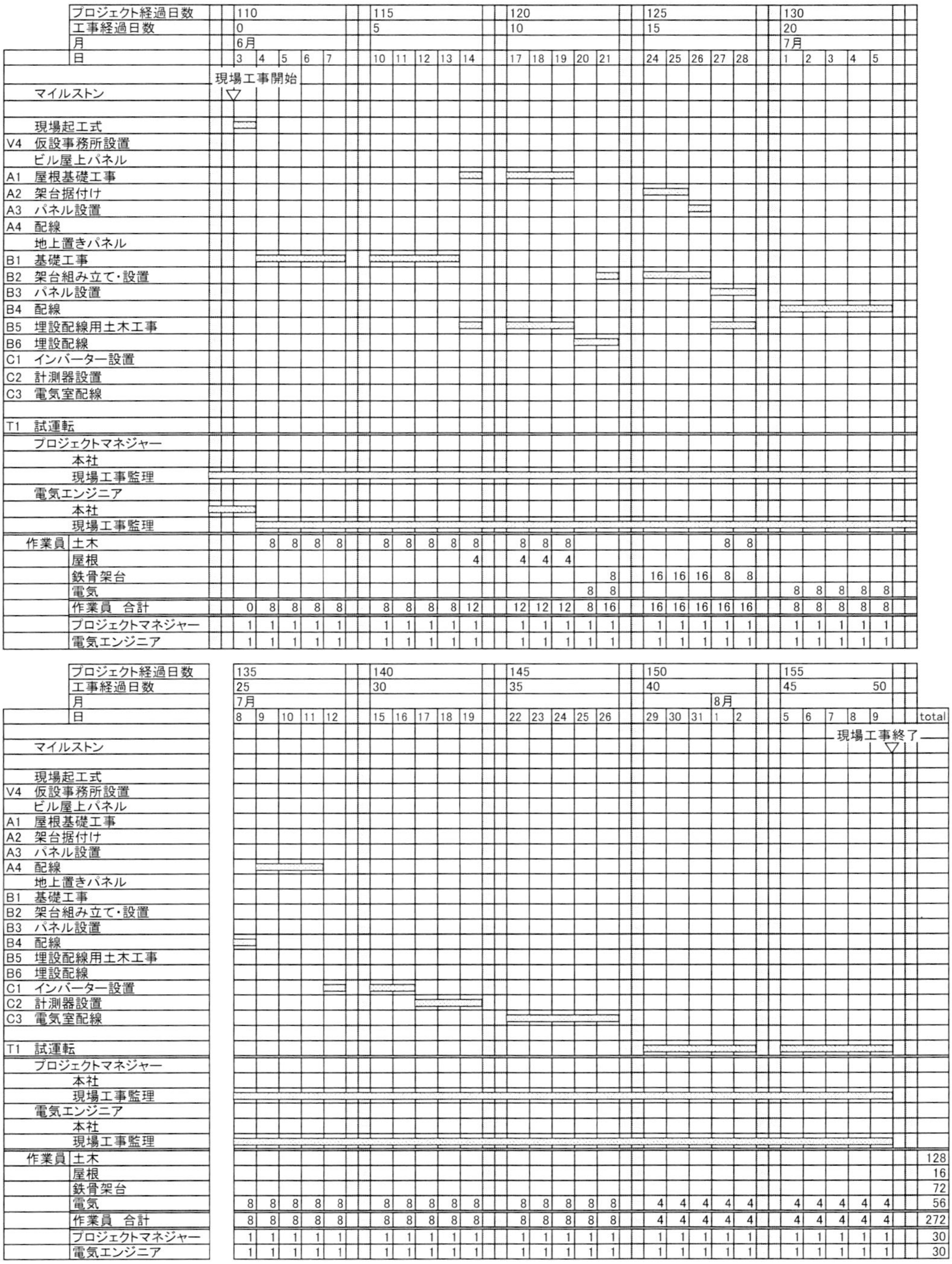

図 2.19　現場工事，バーチャート

			経過日数	0	5	10	15	20	25	30	35	40	45	50	55	60	65	70	75	80	85	90	95	100
			月日	1/1	1/8	1/15	1/22	1/29	2/5	2/12	2/19	2/26	3/4	3/11	3/18	3/25	4/1	4/8	4/15	4/22	4/29	5/6	5/13	5/20
			PV																					
	マイルストン			KO																				
E1	電気システム設計	電気	900	600			300																	
E2	電気機器配置設計	電気	900		600			300																
E3	ケーブル配置図面	電気	3000								1000	1000			500	500								
S1	パネル配置設計	P	900		600			300																
S2	パネル架台詳細設計	土木	900								600			300										
S3	パネル基礎設計	土木	900									600			300									
P1	パネル調達・契約	P	12096									12096												
P2	パネル海上輸送・通関	サブコンK	30240																30240					
P3	パネル国内輸送	サブコンK	18144																		18144			
I1	インバーター調達・契約	P	400										400											
I2	インバーター航空輸送・通関	サブコンK	1000														1000							
I3	インバーター国内輸送	サブコンK	600																600					
PS1	計測・通信機器購入・航空輸送・通関	P	1600													1600								
Q1	工事契約　サブコンK		6613								6613													
Q2	工事契約　サブコンS		1924								1924													
V1	架台製作	サブコンS	7680																		7680			
V2	現場搬入	サブコンS	1920																				1920	
V3	電気ケーブル・バルク材購入・搬入	サブコンS	1000																	1000				
	プロジェクトマネジャー																							
	本社																							
	現地調査																							
	現地打ち合わせ																							
	現場工事監理																							
	電気エンジニア																							
	本社																							
	現場工事監理																							
		総予算額	99357																					
		PV		600	1200	0	300	600	0	0	10137	13696	400	300	800	2100	1000	0	30840	1000	25824	0	1920	0
		累計PV	0	600	1800	1800	2100	2700	2700	2700	12837	26533	26933	27233	28033	30133	31133	31133	61973	62973	88797	88797	90717	90717

			経過日数	105	110	115	120	125	130	135	140	145	150	155	160
			月日	5/27	6/3	6/10	6/17	6/24	7/1	7/8	7/15	7/22	7/29	8/5	
			PV												
	マイルストン				現場工事開始										現場工事終了
	現場起工式														
V4	仮設事務所設置	サブコンS	656	656											
	ビル屋上パネル														
A1	屋根基礎工事	サブコンS	624			156	468								
A2	架台据付け	サブコンS	256					256							
A3	パネル設置	サブコンS	128					128							
A4	配線	サブコンS	384							384					
	地上置きパネル														
B1	基礎工事	サブコンS	1984		992	992									
B2	架台組み立て・設置	サブコンS	512				128	384							
B3	パネル設置	サブコンS	256					256							
B4	配線	サブコンS	768						640	128					
B5	埋設配線用土木工事	サブコンS	768			128	384	256							
B6	埋設配線	サブコンS	256				256								
C1	インバーター設置	サブコンK、S	384							128	256				
C2	計測器設置	サブコンK、S	384								384				
C3	電気室配線	サブコンK、S	640									640			
T1	試運転	サブコンK	640										320	320	
	完成														
	プロジェクトマネジャー														
	本社														
	現地調査														
	現地打ち合わせ														
	現場工事監理														
	電気エンジニア														
	本社														
	現場工事監理														
		総予算額													
		PV		656	992	1276	1236	1280	640	640	640	640	320	320	
		累計PV		91373	92365	93641	94877	96157	96797	97437	98077	98717	99037	99357	

図 2.20　太陽光発電プロジェクト全体バーチャート，PV

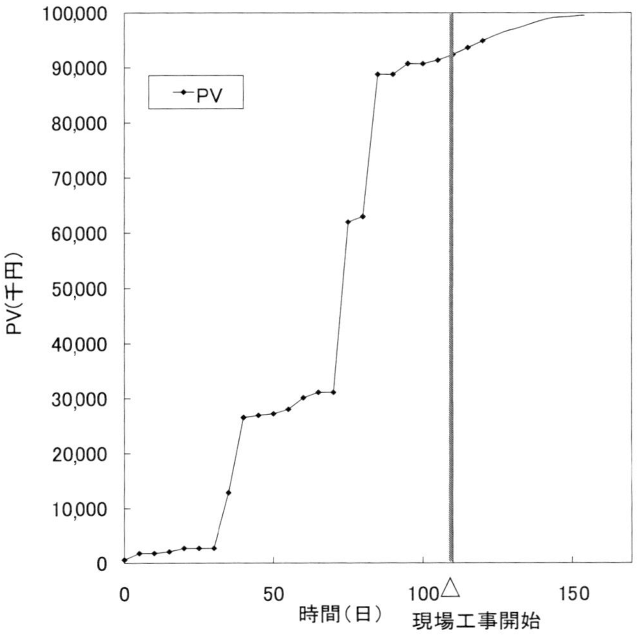

図 2.21 コストベースライン(PV カーブ)

トのベースラインを図 2.20 に，PV カーブを図 2.21 にそれぞれ示す．

(2) アーンドバリュー分析

次にアーンドバリュー分析を行う．ここでは，プロジェクトの途中で実際の作業が事前に計画したスケジュールとずれてきた場合についての状況把握を行う◀9．想定した状況を表 2.6 に示す．

◀ **9** 計画通りに進んでいる場合は，PV（計画価値），AC（実績コスト），EV（アーンドバリュー）がすべて同じ値となる．

このとき，次のように PV，AC，EV を計算する．

A1 は，もともと作業員 4 人/日の 4 日間の作業で，24 個の基礎の設置を予定していた．この場合，

1 日あたり人件費： 4（人/日）×24 千円/（人/日）＝96 千円/日

1 日あたり材料費： 基礎 1 個あたり 10 千円×6 個＝60 千円

1 日あたり PV： 人件費 96 千円＋材料費 60 千円＝156 千円

が 4 日間予定されており，PV＝156 千円×4 日＝624 千円となる．

表 2.6 に示す遅れの状況は，3 日間予定通り作業員が働き，25%（6 個）の基礎設置しか終わっていないので，

AC＝1 日あたり人件費 96 千円×3 日＋基礎 6 個材料費 60 千円
＝348 千円

EV＝PV 全額 624 千円×25%＝156 千円

となり，PV：624＞AC：348＞EV：156 という最悪の状況が計算される．

図 2.22 にバーチャートによる進捗管理の例を述べる．7 月 2 日時点

表 2.6　太陽光発電プロジェクトでの作業変更の状況（7 月 2 日時点）

記号	作業項目	変更の状況
ビル屋上パネル		
A1	屋上基礎工事	工事開始が予定より 6 作業日遅れた．作業開始早々，屋上防水シートの破れという問題が発生した．3 日間ほど予定の作業員数が作業し，補修の後，全体の 25% の基礎設置まで進めたが，そこで再度同じ問題が発生した．補修用材料が 7 月 8 日まで入手できず，工事は一旦中止．7 月 8 日から作業を再開する．
A2	架台据付け	A1 の基礎が完成しないので，まだ作業できていない．
A3	パネル設置	パネルの現場到着が遅れており，まだ作業できていない．パネル到着予定日は 7 月 15 日．
地上置きパネル		
B3	パネル設置	A3 に同じ．作業できていない．
B4	配線	パネルが設置されていないので配線できない．
電気室		
C1	インバーター設置	予定を前倒しして完了．
C2	計測器設置	予定を前倒しして完了．

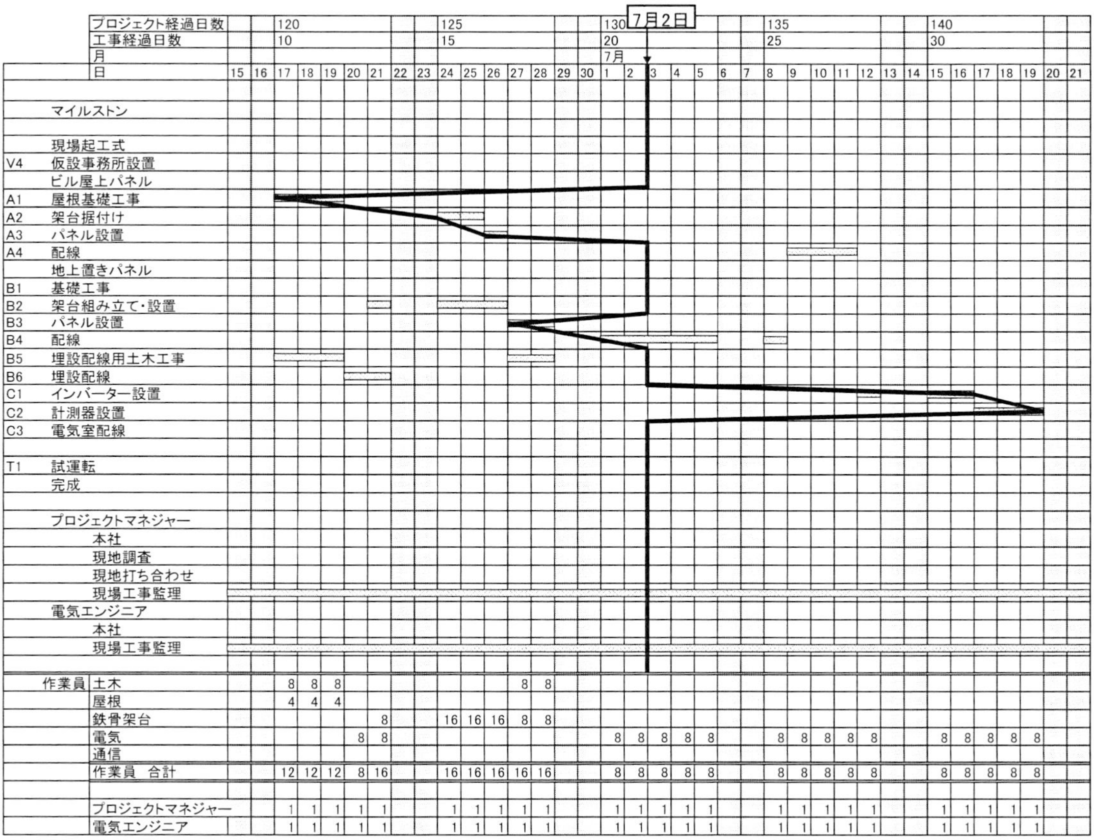

図 2.22　現場工事，バーチャートによる進捗表示　（7 月 2 日現在の進捗状況）

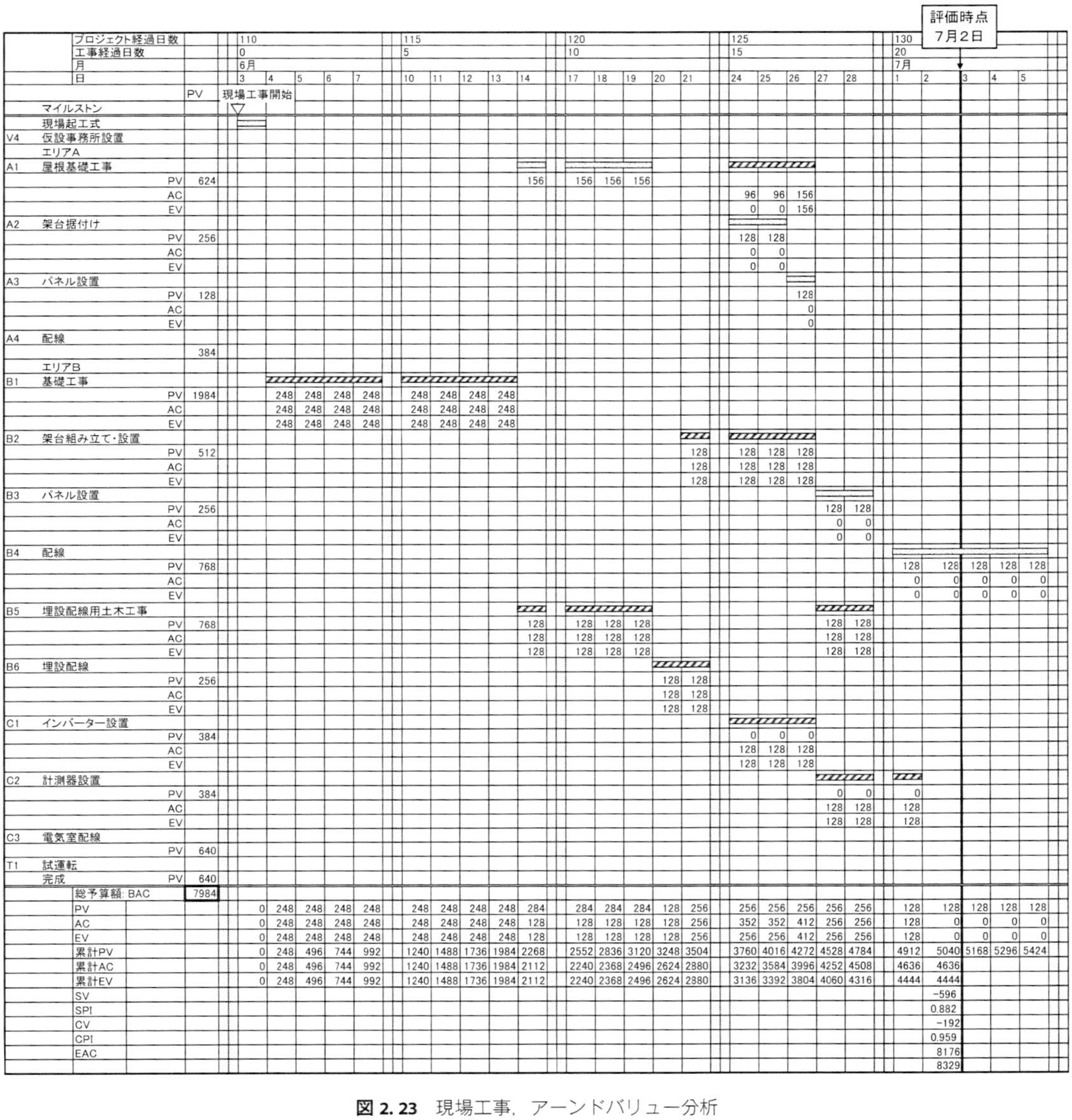

図 2.23　現場工事，アーンドバリュー分析

での進捗状況をバーチャート上にプロットするとジグザグの線が出来上がり，遅れている作業（現時点より左側にへこむ）や進んでいる作業（現時点より右側に出っ張る）が一目瞭然となる◀10.

◀ **10**　この図の公開は，遅れている作業の責任者へのプロジェクトマネジャーからの督促として効果的である.

アーンドバリュー分析を行うには，図 2.23 に示すように各バーの下に AC，EV の行を設け，各期間の AC，EV を判定して記入する．それを期間ごとに合計することで累計の PV，AC，EV が得られ，分析値の計算が可能となる．分析対象とするアクティビティの PV の合計値が総予算額（BAC）であり，図 2.23 の PV の一番下に示されている．図 2.23 において，7 月 2 日時点でアーンドバリュー分析を行った結果とし

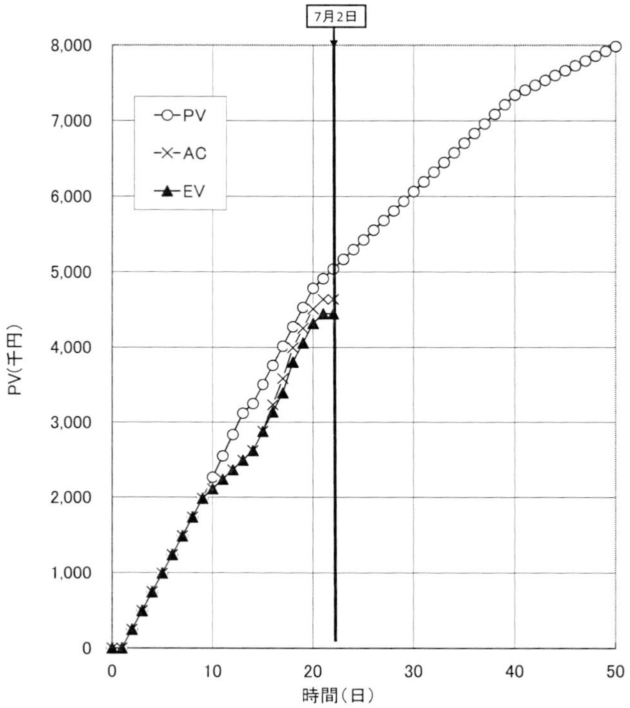

図 2.24　現場工事，アーンドバリュー分析グラフ

て，図 2.24 にアーンドバリュー分析グラフを示す．表 2.6 の想定下では，次のように計算できる◀11．

SV＝EV－PV＝4444－5040＝－596 → スケジュールは遅れ

CV＝EV－AC＝4444－4636＝－192 → コストは予定より超過

EAC＝AC＋(BAC－EV)＝4636＋7984－4444＝8176

または ＝AC＋(BAC－EV)/CPI＝4636＋(7984－4444)/0.959＝8329

◀ **11**　遅れの挽回策として，パネル設置，パネル配線作業に作業員を増やして予定より短い期間で終わらせるクラッシングが考えられる（章末の問題[2.2] を参照）．このとき，サブコントラクター S に予定外の作業員の増加を要請することから，通常よりも高い料金を払うことになる可能性が高い．

2.4.4　リスクアナリシスの事例

プロジェクト計画（コスト，スケジュール，サブコントラクティングなど）が決まった段階で，リスクアナリシスを行った結果を表 2.7 に示す．表 2.1（34 ページ）に示したリスク大分類のリストを手がかりに，プロジェクト遂行中に起こりうるリスク事象を挙げた．

表 2.7 より，リスク対応策の具体的事例を紹介する．

H1 に示されるローカルサブコントラクターの力不足による遅れのリスクは，過去のプロジェクト事例データから見ても発生確率が大きい事象である．この例では，このサブコン S をコントロール（必要なとき

表 2.7　太陽光発電プロジェクトにおけるリスク登録簿と対応策

	リスク事象・項目	リスク有無	戦略	対応策の種類	リスクなしとする理由，またはリスクありの場合の対応策	コンティンジェンシー予備
A	カントリーリスク	なし			石油，ガスの輸出によりGDPも高くカントリーリスクはない	
B	**経済環境の変化などのリスク**					
B1	為替変動	なし			プロジェクト期間が9か月と短いので	
B2	コストエスカレーション	なし			現地ではインフレ率が低い	
C	**客先リスク**					
C1	図面等の承認が遅い	なし			迅速に対応してくれる	
D	**契約リスク**					
D1	工事範囲の変更	あり	受容	コンティンジェンシー	契約書（設計図）で明示されない工事が増加する可能性がある	契約額の5%
E1	**サイトリスク（自然条件リスク）**					
E1	設置場所の地盤，埋設物，障害物	なし			現地調査を2度行う．	
E2	現場工事中の天候不順，特に砂嵐，雨	なし			砂嵐のシーズンではない．大雨が降っても工事箇所の地盤は問題ない．	
F	**輸送リスク**					
F1	機器輸送中の破損，損害	あり	転嫁	保険	損害保険に加入する．	
F2	通関での遅れ	なし				
F3	国内輸送中の事故	あり	転嫁	保険	損害保険に加入する．	
G	**技術リスク**					
G1	太陽光発電パネル，発電装置	なし			国内での運転実績多数あり問題なし	
G2	集電箱，インバーター	なし			同上	
G3	計測機器パネル（配線現場工事が面倒）	あり	軽減	計画変更	配線が複雑で短い工期内で終わらない可能性がある．パネル内で機器の設置，配線工事を日本であらかじめ完了させておいてからパネルごと出荷する．	
G4	設計ミス（電気システム，パネル架台）	なし			設計会社の信頼性は高いので問題ない	
H	**マンパワーリスク**					
H1	サブコンSの作業員動員力	なし			サブコンSに直接，および客先を通じて作業員動員を督促する	
I	**調達関連リスク**					
I1	太陽電池パネルの調達	なし			製品調達の信頼性は高く問題ない	
I2	インバーターの調達	なし			製品調達の信頼性は高く問題ない	
I3	ケーブルの調達	なし			現地で購入可能	
I4	計測器の調達	なし			製品調達の信頼性は高く問題ない	
I5	サブコンSの遂行能力・現場工事の遅れ	なし			項目H1に同じ	
I6	サブコンSによるパネル架台設計	あり	回避	計画変更	サブコンSが架台の鉄骨設計をできるといっているが疑わしい．日本で設計を行う．	
J	**プロジェクト遂行に関するリスク**					
J1	現場でのコミュニケーション	なし			PM，日本人エンジニアとも英語OK	
J2	工事安全規則	なし			特別な要求はない	
J3	工事車両による交通事故，騒音	なし			周辺に住宅はない	

に十分なマンパワー，資材，建機を動員させる）できると判断し，リスクはないとしているが，リスクありと判断される場合もある．その場合の対応策として，別のサブコンと作業員増員の契約をしたり，工事監督者を増加して派遣することなどが考えられる．

G4 のような設計や工事上でのミスは，複雑なシステムになればなるほど多少の発生は不可避として，それらの手直しの時間やコストをコンティンジェンシーに含める場合もある．

D1 の工事範囲の変更は，次のような場面を想定した．通常，太陽光パネルのコンクリート基礎の塗装は日本では行われないため，工事契約の対象外とプロジェクトチームは考え，見積り額から除いていた．これに対し，顧客はコンクリート表面は当然塗装されるものと期待しており，塗装を予定していなかったプロジェクトチームとの間で議論となった．最終的には顧客との良好な関係維持を考慮し，プロジェクトチームが塗装工事を行った．

D6 のパネル架台設計の計画変更は，図 2.13（37 ページ）のデシジョンツリー分析の結果を採用した．

以上のように，基本的には工事範囲をきめ細かく定義して契約書（設計図，仕様書）に明記することが必要であるものの，契約時には不明な事情◀12 から工事範囲の増加が生じるリスクがある．その対応策として，現地調査，ヒアリングが重要である．

また，健康，安全，環境◀13 や，周辺地域社会，住民への影響が想定されるリスクもある．これらは，基本的にプロジェクトによって建設される施設自体に起因するリスクである◀14．ただし，J3 の工事車両による交通事故，騒音については，工事現場を所有する顧客のリスクとも車両の運転に起因するプロジェクトチームのリスクとも考えられ，リスクを負う責任の議論も起こりうる．このような場合，「リスクに対処する能力を持つ，最も適切なステークホルダーがリスクを負う」と考えると，プロジェクトの実現性を高められる．プロジェクトチームも，低騒音の車両を使う，住宅地での減速など，可能なリスク軽減策をとる必要がある．

◀12　たとえば，項目 D1 に示されるような現地の暗黙のルール，既設設備との仕様の統一など．

◀13　Health，Safety，Environment の頭文字である HSE と表される．

◀14　たとえば太陽光パネルの反射光が周辺住宅に当たることは，施設の運営主体が解決すべきリスク．

2.5　プラント開発プロジェクトの事例◀1

2.5.1　プラント開発プロジェクトのフェーズ

プラント開発プロジェクトの一般的なフェーズを表 2.8 に示す．具体的には以下の手順を踏む．まず，プロジェクトの収益性の検討を主たる目的として FS◀2 を行う．ここで，プロジェクトの投資を鑑みて採算が取れると判断された場合は，次のステップとしてプラントの基本設計である FEED に入る．この基本設計をもとに EPC へと移る．EPC とは，プラントを設計し，材料を調達し，建設することである．建設が終了し

◀1　プラントとは，原材料から製品を生み出す「工場・機械の複合体」または「設備・装置」のことである．

◀2　FS（フィージビリティスタディ）とは，プロジェクトの実現可能性調査のことである．

表 2.8 プラント開発プロジェクトの各フェーズ（見積りおよび入札は割愛）

① FS（Feasibility Study）	収益性の検討
② FEED（Front End Engineering Design）	基本設計
③ EPC（Engineering, Procurement and Construction）	
Engineering	設計
Procurement	調達
Construction	建設
④ Commissioning	試運転
⑤ Completion	完成

た後，試運転を経て，プラント完成に至る．

(1) FS（Feasibility Study）

最初にFSとしてプロジェクトの収益性の検討を行う．プラントで製造される製品の輸送や販売計画を立てた後，建設予定地の検討，プラントの全体工程，プラント全体配置などの設備計画を立てる．生産プロセスの調査・評価として，定期点検などによりプラントが停止する期間があることを踏まえ，プラント稼働率から年間生産能力を決定する．また，設備投資額の算出，運転費の推算を行い，原材料およびプラントで生産される製品の価格動向を想定しながら，需給見通しを見据え，市場調査を行い，事業採算性を判断して，プラントとしての設備投資の意思を決定する．

(2) FEED（Front End Engineering Design）

FSを審議して設備投資の決断がなされた場合，FEEDに進む．FEEDの主たる目的はプラントの基本設計であり，プロジェクト概要，施工範囲，建設地の情報，全体配置図，原料・製品の仕様，プロセス概要，各設備概要，設計方針，品質方針，適用法規などが含まれる．主な技術資料としては，原材料から製品までの過程を表したPFD（Process Flow Diagram），配管や制御系統を表した暫定P&ID（Piping and Instrument Diagram）などがある．以上の基本設計は，EPC請負者の業務範囲およびEPCのデータとして使われる．

(3) EPC（Engineering, Procurement and Construction）

FEEDにて得られた基本設計データを基に，EPCのフェーズに入る．設計（Engineering）では，様々な分野の技術（化学工学，機械工学，電気工学，制御工学，土木工学，建築工学など）を組み合わせる．具体的には，化学工学の理論を活用して化学反応の検討および処理プロセスの決定を行い，そのプロセス反応を進めるために機械工学の知識を活用して必要となる機器や配管設備等を設計し仕様を決定する．次に，その機器を動かすために電気工学・制御工学を基に電気設備や制御システムを構築する．また，機器および関連設備を設置する基礎や資材を土木工学，建物などの構造物の設計を建築工学の知見をもって行う．さらに，各分野間の設計調整を度々行いながら詳細に設計を進めていく．以上のように，プラント開発プロジェクトは各工学分野の技術やノウハウを集結したものである．調達（Procurement）においては，設計にて決定した詳細データを基に，メーカー等から資材，計器および機器等を購入する．その後，購入物の検査を行い，梱包を施した後に建設現場に輸送する．建設（Construction）においては，建設現場における土地造成を進め，現場事務所などの仮設工事を行い，地下埋設管工事，基礎工事，鉄骨工事，購入した資材や機器を据え付ける．また，配管工事および電気・制御ケーブルの敷設を行い，保温や塗装工事を行う．

（4）　Commissioning

プラントの建設後，商業運転を開始する前に，Commissioning と呼ばれる試運転準備および試運転を行う．試運転準備の一つとして，プラント内の配管内部の清浄がある．洗浄方法として，水，空気，蒸気を流して汚れを取るフラッシング/ブローイング，化学薬品で洗浄するケミカル・クリーニングなどがある．建設時の汚れを除去するのに大変な苦労を要する場合が多い．その他の準備としては，電気および制御系統の動作確認，機器ごとの単独稼働テストなどがある．その後，プラントをプロセスごとの区切りやすいところで分割し，部分的に試運転を行い，最後にプラント全体の試運転を行う．試運転が完了した後に，Completion（完成）となる．

◀3　本プロジェクトは千代田化工建設（株）が EPC および試運転を担当した．

◀4　カタール国はアラビア半島の東部，ペルシャ湾に面した位置にあり，国土の広さは秋田県と同程度である．

2.5.2　プロジェクトの実例◀3

（1）　エネルギープラント開発

中東における液化天然ガス（Liquefied Natural Gas：LNG）精製プラント建設プロジェクトの例として，カタール国◀4の LNG プラントを紹介する（図 2.25）．本プラントは首都ドーハから約 80 km 離れた砂漠の中の工業地帯に設置されており，夏場は屋外気温が 50℃以上と大変気候の厳しい環境である．

図 2.25　世界最大規模のカタール LNG プラント
（写真提供：カタールガスオペレーティングカンパニーリミテッド／千代田化工建設）

①**プロジェクト規模：**　世界最大規模の 1 系列あたり年産 780 万 t の LNG プラント 2 系列分のプロジェクトを紹介する．建設ピーク時のプロジェクト従事者は多国籍で数万人規模であり，費やした期間は 3 年以上，プラント敷地の広さはサッカー場の広さの数十倍にもなる．また，プラント建設に使用したコンクリート量は，エジプトにあるギザのピラミッド（約 26 万 m^3）の体積に迫る勢いである．さらに，使用した鉄骨は東京タワー（約 4000 t）の 10 倍以上，配管重量および機器総重量はそれぞれ数万 t 以上，機器総数は 1000 台以上，電気ケーブル総長さは

3000 km 以上となり，総工費は数千億円規模にもなる．いかに巨大プロジェクトであるか想像できよう．

②**プロジェクトマネジメント手法と実際のプロジェクト遂行：**PMBOK などのプロジェクトマネジメント手法は，プロジェクトの状況を踏まえ，マネジメント手法に柔軟な工夫を施した上で活用することになる．

プロジェクトを遂行するにあたり，EPC を請け負った企業は，顧客の要求を満たした完成までの計画（シナリオ）を作成する必要がある．このとき，プロジェクト全体の遂行方針や各知識のプロセスを統合する◀5．世界中で様々なプラント開発プロジェクトが押し進められているものの，設計上の性能は同一であったとしても，時期が異なることによる技術革新，建設場所が異なることによる設計条件の相違，現場労働者の工面など，一つとして同じプロジェクトはない．JIS や BS などの工業規格，また石油や天然ガス分野のプラントでしばしば要求される API（American Petroleum Institute）などの産業規格については，その適用の要否だけでなく，適用の厳格性までも個別のプラントごとに異なるのが常である．

◀5　PMBOK の統合マネジメント．

プロジェクト成功に必要な業務を過不足なく洗い出し，その業務を細分化した WBS を構築する◀6．各プロジェクト員に WBS にて細分化した業務を割り当てることにより，漏れのないようにする．次に，各作業の開始および完了予定日を明確にした工程計画を策定する◀7．プロジェクトを遂行するにあたり，常に進捗状況などをモニターすることにより，計画からの逸脱，特に遅延状況を定期的に測定し，加速させる必要がある．同時に，プロジェクト遂行前には購入する資材や機器の予算を決定する◀8．プロジェクト遂行中には常に予算管理を続け，予算を超過しないことはもちろん，できるだけ予算を使わないようにしてプロジェクトの利益を最大化する．

◀6　PMBOK のスコープマネジメント．

◀7　PMBOK のタイムマネジメント．

◀8　PMBOK のコストマネジメント．

どのような遂行組織にし，どれぐらいの人員をいつ投入するのかを含んだ組織および人員計画を策定する◀9．プロジェクトのトップであるプロジェクトマネジャーがリーダーシップを発揮して組織を統率することは言うまでもなく，プロジェクトに携わる各プロジェクト・エンジニア，各分野の専門エンジニアおよびスタッフが一丸となってプロジェクト遂行に邁進できれば，まさに個人の力をチーム力として活かすことになる．

◀9　PMBOK の人的資源マネジメント．

プロジェクトにおいて要求される品質を維持するために，プラント全体として統一性のある品質管理手順書を策定する◀10．さらに，品質要求を満たす機器・資材をどこから，いつ，どれぐらい買うか計画を策定する◀11．プロジェクト遂行中においては，プロジェクト組織内だけで

◀10　PMBOK の品質マネジメント．

◀11　PMBOK の調達マネジメント．

なく，顧客および資材・機器サプライヤーとも緊密に連絡を取り合い良好な関係を保つ必要がある◀12．プロジェクトは契約に基づいて進められるものの，やむを得ない設計変更が生じたり，現場の状況に合わせた調整が発生することは常である．ステークホルダーである顧客・サブコントラクター・資材サプライヤーとは，密に連携をとることにより早めの共通認識および対応ができるよう心がけるべきである．また，リスクを最小にするマネジメント計画◀13も綿密に検討する．

◀12　PMBOK のコミュニケーションマネジメント．

◀13　PMBOK のリスクマネジメント．

巨大プロジェクトにおいては，初期段階で無理な計画を立てるなどの大きな失敗をしてしまうと，遂行途中で取り戻すことは非常に難しいのが現実である．一方で，個々のプロジェクトの状況は，生き物と同じで刻一刻と変化している．そのため，プロジェクトマネジメント手法を用いて変化に対応しながら，常にプロジェクトの調整を続ける必要がある．また，不測の事態が発生することもあり，計画自体を大幅に調整する場合もある．ここでのプロジェクトマネジメントにおいては冷静な判断が必要となり，理論だけでなく過去に積んできた経験が功を奏することも多い．以上，一筋縄ではいかない部分が多くあるものの，請負企業にとっては技術を集結し，ノウハウを存分に発揮できるところであり，腕の見せ所でもある．

③**プロジェクトメンバーの業務：**　各分野のエンジニアが様々な業務を担当している．化学系エンジニアは，プラント生産能力など要求される仕様にて，プラントの化学技術の開発や検討を行った上で処理プロセス設計を行う．機械系エンジニアは，プロセス側の要求を満たす条件にてプラント内で必要となる機器や配管の設計を行う．電気・制御系エンジニアは，機器を動かすために必要となる電気設備や制御システムを設計し構築する．土木・建築系エンジニアは，機器および関連設備を設置する基礎や構造物の設計を行う．

実際には，各分野の間で設計データのやり取りが何度も発生することになり，調整を度々行いながら詳細に設計を進めていく．以上のように，プロジェクトは各工学分野の技術やノウハウを集結したものであり，総合的な技術をもってプラント全体の設計を進める．また，技術分野以外の業務に法務，財務，調達，総務，人事などがあり，それらを担当する事務系のプロジェクトスタッフがおかれる．さらに，庶務などの一般業務を行うスタッフも配置される．

④ **WBS**（Work Breakdown Structure）：　プロジェクトを遂行するにあたって，プロジェクトメンバーが行う業務の所掌を明確にするため，WBS によってプロジェクト業務を細かく細分化する．WBS 作成にあたり，プロジェクトの成果物を実現するために必要な作業の洗い出

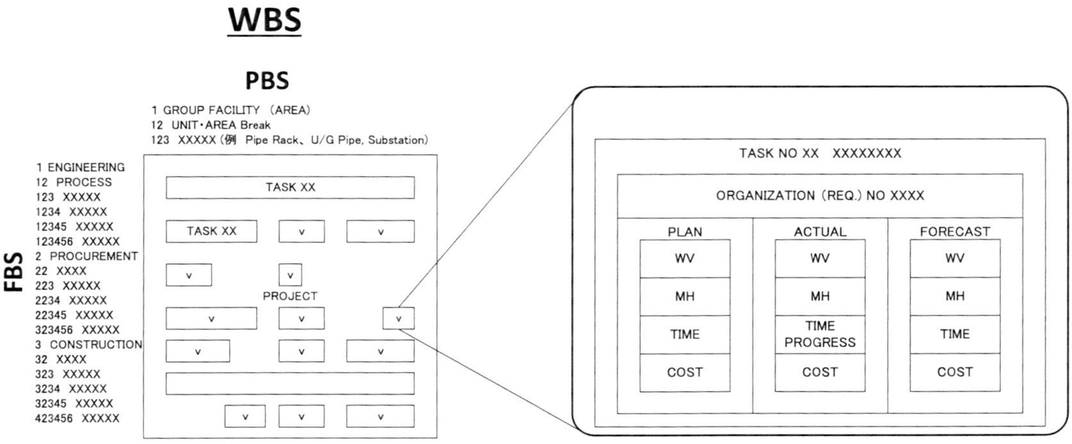

図 2.26　WBS の例

しを行い，可能な限り細分化および階層化し，それぞれの作業について必要なコストや工数を割り出す．これによって，作業全体および各作業の体系的つながりを把握することができ，進捗管理や計画の調整にも活用できる．また，過去に同分野のプロジェクトを経験して標準化されている WBS がある場合はそれを活用することにより時間を節約でき，経験豊富な専門家がいる場合は彼らの意見を取り込むことにより一層精緻な WBS が構築できる．

WBS の例として，図 2.26 に示す FBS（Functional Breakdown Structure）と PBS（Physical Breakdown Structure）から構成されるものを紹介する．FBS とは，プロジェクト遂行における作業項目をプロジェクトの担当や組織などの機能で分割したものである．また，PBS とはプロジェクトの成果物であるプラントを物理的に分割した担当者の業務の分割である．各分野の専門エンジニアは，WBS の中で特に FBS によって所掌が明確に分類された業務に取り組むことになる．

(2)　リスクマネジメント実施

プロジェクト遂行上のリスクマネジメントは近年注目されることが多くなり，遂行前から入念に検討し，対応されるようになっている．実際のプロジェクトでは，コストの増大やスケジュール遅延など，マイナスの影響を与えるリスクを管理することがリスク対処の中心となっている．リスクマネジメントの具体的な手法の一つとして，RBS（Risk Breakdown Structure）の構築が挙げられる．構築方法として，過去のデータを参照したり，経験豊富な専門家の意見を聞いた上で，プロジェクトチーム内でリスク検討会議を行う．そこでは，まず何がリスクであるかを検討し，リスク項目を決定する．次に各リスク項目において，発

		Project A		Project B		Project C		Project D		Project E		Project F		Project G		Project H	
		進捗	Score	進捗	Score	進捗	Score	進捗	Score	進捗	Score	進捗	Score	進捗	Score	進捗	Score
1	2002年3月			1.90%	1.8												
2	2002年6月			6.30%	1.8												
3	2002年9月			9.90%	1.6												
4	2002年12月	15.80%		18.60%	1.4												
5	2003年3月			33.80%	0.9												
6	2003年6月	42.40%	2.0	52.00%	0.9												
7	2003年9月	65.00%	1.8	72.10%	0.9												
8	2003年12月	82.40%	1.0	80.80%	0.7												
9	2004年3月	93.00%	0.5	88.70%	0.8												
10	2004年6月	99.80%	0.3	98.60%	0.6					33.50%	2.1						
11	2004年9月	99.60%	0.2	99.90%	0.4					40.20%	2.0						
12	2004年12月	100.00%	0.1	100.00%	0.3					53.20%	1.9						
13	2005年3月	100.00%	0.0	100.00%	0.0					57.20%	1.8					4.20%	1.7
14	2005年6月									67.60%	1.2					14.40%	1.7
15	2005年9月									75.50%	1.2					24.10%	1.7
16	2005年12月									82.40%	0.9	7.40%	1.7			37.30%	1.6
17	2006年3月									84.30%	0.9	12.20%	1.6			49.20%	1.6
18	2006年6月									89.10%	0.7	25.50%	1.6	16.70%	2.0	67.10%	1.5
19	2006年9月					3.40%	2.1			90.90%	0.6	36.80%	1.6	26.90%	2.0	76.30%	1.5
20	2006年12月					12.30%	2.1	3.80%	1.9	94.60%	0.6	48.00%	1.6	35.10%	1.8	80.70%	1.2
21	2007年3月					23.60%	2.1	6.20%	1.8	91.00%	0.3	59.60%	1.6	44.70%	1.8	82.80%	1.0
22	2007年6月					36.70%	1.8	12.30%	1.8	93.50%	0.2	68.80%	1.8	51.30%	1.7	86.90%	0.8
23	2007年9月			-	-	48.60%	1.8	21.10%	1.8	94.83%	0.2	70.47%	1.8	61.37%	1.7	90.09%	0.4
24	2007年12月			-	-	58.20%	1.7	27.40%	1.8	96.35%	0.1	76.47%	1.8	69.42%	1.7	92.72%	0.3
25	2008年3月					67.30%	1.3	35.90%	1.8	97.89%	0.1	81.86%	1.4	74.61%	1.2	93.96%	0.2
26	2008年6月					74.90%	1.3	49.10%	1.8	98.87%	0.1	85.78%	1.4	78.53%	0.9	95.70%	0.2
27	2008年9月					79.40%	1.3	63.30%	1.3	99.78%	0.1	85.78%	1.4	82.77%	0.8	97.04%	0.2
28	2008年12月					84.45%	1.3	70.20%	1.5	100.00%	0.0	91.16%	1.3	85.39%	0.7	98.35%	0.2
29	2009年3月					90.37%	1.0	77.60%	1.2	100.00%	0.0	91.16%	1.1	88.19%	0.6	99.48%	0.2
30	2009年6月					94.80%	0.8	84.00%	1.1	100.00%	0.0	96.81%	1.1	90.72%	0.5	99.91%	0.2
31	2009年9月					98.26%	0.4	87.80%	1.0	100.00%	0.0	98.61%	1.1	93.24%	0.4	100.00%	0.0
32	2009年12月					99.78%	0.2	90.90%	0.5	100.00%	0.0	99.55%	1.0	95.73%	0.3		
33	2010年3月					100.00%	0.0	100.00%	0.0	100.00%	0.0	100.00%	0.0	100.00%	0.0		

SAMPLE

図 2.27　定点観測した Risk rating とプロジェクト進捗率の例

生した場合のインパクト（金額）の大きさおよび発生する確率を想定する．さらに，各リスク項目の発生率を下げるために，リスクを低減・回避・転嫁するなどのアイデアを考え実行する．結果として，可能な限り発生する損失を小さくする◀14．

プロジェクトを遂行しながら，各リスク項目をモニターし，リスクのインパクトや発生確率を小さくする手立てを常に検討しつつ対策を講じ，発生損失を小さくしていく．RBS に挙げられた各項目について，定点観測（たとえば3か月ごと）を行う．その際には，終了したリスク項目は排除し，また残留したリスクについてはインパクトおよび発生確率を再評価した上で，総リスク度合いを再度算出する．プロジェクト開始時に挙げられていたリスク項目は，プロジェクトが進むにつれて終了していくものが多い．一方で，プロジェクト進行中に発生するリスク項目もあるものの，全体としては，プロジェクト進捗とともにリスクによる損失は下がる傾向にある．

図 2.27 に，Risk rating（全リスクによる発生損失合計）を定点ごとに算出し，プロジェクトの進捗率とあわせて表示した例を示す．プロジェクトにより Risk rating の金額規模は異なるので，ここではプロジェクト間の比較ができるように Risk rating のスコアを index 値として無

◀ **14**　実際のリスク項目としては，建設現場地域や材料調達場所における戦争・テロ・暴動，労働者の不足，未回収費用に係わる通貨価値下落，建設資材の高騰，現場における予想を超える異常気象，調達先における資材および機器などの品質不良，調達先企業や工事業者の倒産，火災や爆発，工程遅延（設計・調達品製作・工事）などがある．

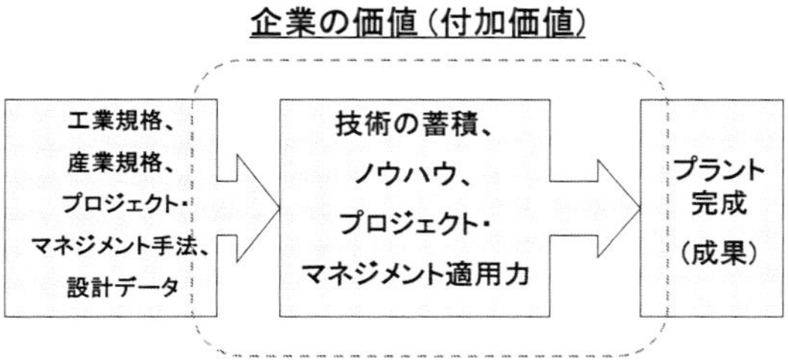

図 2.28 プラント開発企業の価値

次元化している．プロジェクト終了時には，リスク項目も終了し，Risk rating はゼロになる．

(3) プラントプロジェクト請負企業の付加価値

プラントに適用される工業規格や産業規格は，広く一般に公表されているので誰でも入手可能である．また，PMBOK などのプロジェクトマネジメント手法についても，一般に販売されている書籍に紹介されている．では，プラントの基本設計データが入手できるとすれば，技術者であれば誰でもプラントの建設ができるだろうか？

机上での詳細設計はある程度できるかもしれないが，実際に稼働するプラントを設計するためには知識として理論が必要であるのはもちろんのこと，プラントのおかれた様々な状況（立地・運転条件など）を十分吟味することも必要となる．また，化学工学，機械工学，電気・制御工学，土木・建築工学など各々の専門分野の技術を統合する必要があり，容易ではない．プラント設計時には，全体最適化を目指して，専門分野が異なるエンジニア同士が十分な設計擦り合わせを行う．たとえばプラントの建設が開始された後に，ある分野の 1 か所で設計変更が出た場合，関連分野においては計り知れなく甚大な連鎖変更が多数生じる可能性がある．過去に苦労して，失敗をしながら，そこで学び実績を重ねてきたからこそ次のプロジェクトに生かせる技術やノウハウが蓄積されていくものである．顧客ごとに異なる設計思想の理解，資材・機器サプライヤーの技術レベルの把握，サブコントラクターの力量の把握などは，まさにプロジェクト遂行を通して得られるものであり，蓄積された経験はマニュアルや組織（企業）文化などとして受け継がれる．すでに確立されたプロジェクトマネジメント手法を適用する場合においても，様々な実際のプロジェクト情報を取り込んだ上で工夫を加えながら，プラント完成に向けてプロジェクトを遂行する．このようにして，プラントプロジェクト請負企業によって高度な付加価値が創造されるのである（図 2.28）．

コラム

プラント建設現場の1日　ある20代若手機械系エンジニアの場合

現場における若手エンジニアの実際の業務とはどんなものであろうか？　例として，入社3年目の20代若手機械系エンジニアA君の建設現場における1日の業務を紹介する．A君にとって海外赴任は初めてであり，かつ英語で仕事をするのも初めてである．ここでは，中東のアラブ首長国連邦におけるプラントの中で使われる大型のコンプレッサー（機器）をA君が担当する．

WBSにより所掌が示されており，この日はFBSにて区分けされた業務であるコンプレッサーの試運転を行う．以下がA君の現場における1日の生活および業務である．

午前6時　起床，宿舎の食堂で朝食．

午前6時30分　現場事務所に出勤．前日までに準備した試運転要領や採取すべきデータ項目の再確認，および試運転に必要となる電力や冷却水等が予定通り供給されることを関係部署と再確認する．突発的な変更が生じた場合は，試運転要領の再調整を行う．また，顧客の追加要望や変更，本社の設計部署から関連する連絡事項があれば，その内容を検討して試運転実施の可否を判断の上，現場にて英語で指示できるよう準備をする．さらに，機器のサプライヤーであるメーカーから試運転に関係する情報があれば反映する．その他の設計に関することにも対応．

午前7時30分　現場に出向き，サブコントラクターの担当および作業員（ワーカー）約20人に本日再調整した内容を英語にて大声で説明して指示を出し，試運転に向けた準備作業を行う．試運転時には顧客も立ち会い，試運転に向けた準備が完了しつつあること，および試運転開始時間を伝える．

午前9時　顧客立ち会いのもと試運転開始．コンプレッサーの試運転中には，機器周りおよび制御室を行き来しながら，順調に進むよう現場担当者への指示の調整などを行う．

午前10時　いったん現場事務所に戻り，関係部署や上司へ試運転状況を報告する．現場で突発的な問題が発生した場合に対応できるよう，速やかに試運転現場に戻る．

午後0時　昼食のために事務所に戻り，弁当をかき込む．

午後0時30分　現場に戻り，試運転が順調に進んでいることを確認．サブコントラクターの担当者や顧客担当者と密にコミュニケーションを取り，現場の人間関係の雰囲気も掴み，問題があれば即座に対応し，プロジェクトマネジャーにも報告する．人間関係悪化の原因として，互いのコミュニケーション不足に起因することも多い．問題があれば早めに察知して，すぐに話し合うなど対応が必要である．英語が上手であろうがなかろうが，もうやるしかない！状況である．

午後3時　本日の試運転は終了し，手順に従って機器を停止．大型コンプレッサーであるために完全停止に30分以上の時間を要する．採取するデータやサブコントラクターからの業務報告を回収し，顧客に立ち会い終了の確認をする．現場作業員にねぎらいの言葉をかけて解散を指示した後，現場の安全を確認して事務所へ戻る．

午後5時　現場事務所にて書類業務を開始．試運転データの整理，設計値との整合性確認等を行い，試運転報告書をまとめる．プロジェクトのスケジュールを詳細に確認し，翌日すべき作業の指示書を作成．プロジェクトエンジニアやプロジェクトマネジャーに報告すると同時に，本社の設計担当，機器サプライヤーへの連絡事項を整理し，必要に応じて連絡する．顧客から要求されているレポートも作成の上，速やかに提出する．

午後8時　帰宅の途へ．

午後8時30分　宿舎で同僚と食事．その日に現場で起こったことなどの情報や意見の交換．

午後9時30分　シャワーを浴びて，読書などの自分の時間に充てる．

午後11時　就寝．

2.5.3　ま　と　め

本節では，実際のプロジェクトにおけるフローやプロジェクトマネジメントを中心に紹介した．プロジェクトを遂行するためには，技術的な素養，および組織の中で個々の能力を発揮するための人間的な素養も必要である．多くのプロジェクトにおいて計画通りに遂行することは大変な労力を要する一方で，プロジェクト遂行は常に前向きに積極的に取り組むことのできるチャレンジであり，何年にも及ぶプロジェクトが終了した後にはチーム員の達成感も大変大きい．エネルギーに関わるプラント開発プロジェクトを遂行することは，社会基盤の整備，およびエネルギー安定供給へ貢献することである．また，海外でのプロジェクトは，現地雇用機会の拡大や人材育成，現地社会の発展にもつながる国際貢献そのものであり，プロジェクトマネジメントは，まさに地球を舞台にした大仕事と言える．

問　題

［2. 1］ 図 2.6（25 ページ）のプロジェクトスケジュールネットワーク図を完成せよ．また，各アクティビティのフリーフロートを求めよ．

［2. 2］ 表 2.6（50 ページ）の作業変更のため，図 2.22（50 ページ），図 2.23（51 ページ）に示すように，7 月 2 日の時点でプロジェクトに遅れが生じている．このスケジュール遅れを挽回するために，次表の対応策を実施する．この対応策が順調に行われたとき，7 月 19 日時点のアーンドバリュー分析を実施せよ．ただし，予定の半分の期間で行う地上置きパネルの配線作業（工事項目 B4）には，25% 増の給料を作業員に支払うものとする．他の作業については対応策の計画通りのコストで行われたものとする．

記号	作業項目	スケジュール遅れの挽回策
ビル屋上パネル		
A1	屋上基礎工事	7 月 8 日から作業を再開する．残りの 75% を当初予定通りの作業員数で実施する．
A2	架台据付け	A1 の後に作業する．
A3	パネル設置	パネル到着予定日（7 月 15 日）より据付け工事を実施する．
A4	配線	A3 の後に作業する．
地上置きパネル		
B3	パネル設置	A3 に同じく，パネル到着予定日（7 月 15 日）より据付け工事を実施する．
B4	配線	B3 の後に作業する．予定の 2 倍の作業員を投入して，予定の半分の期間で作業を終わらせる．

［2. 3］ 物品 A，B，C を調達したい．調達可能な価格の最安値，最頻値，最高値が次表であるとき，8 割の確率で確実に調達できるようにするために総予算はいくら準備すればよいか．三角分布を仮定して求めよ．

	最安値	最頻値	最高値
A	13	15	20
B	4	5	8
C	2	3	5

文　献

[1] Project Management Institute（PMI）：プロジェクトマネジメント知識体系ガイド（PMBOK ガイド）第 4 版，2008.

[2] プロジェクトマネジメント用語研究会：エンジニアリングプロジェクトマネジメント用語辞典，重化学工業通信社，1986.

[3] David Vose（長谷川他訳）：入門リスク分析――基礎から実践，勁草書房，2003.

[4] 日本コンストラクション・マネジメント協会：CM ガイドブック，相模書房，2004.

[5] 芝　安曇：プロジェクトマネジャー自在氏の経験則 IV，EnB（Engineering Business），エンジニアリングジャーナル社，2001～2002.

3 プロジェクトサイクルマネジメント

プロジェクトには様々な種類がある．第1章で紹介したプロジェクトを開始する7つの契機◀1は，プロジェクトの必要性という視点からプロジェクトを分類したものである．このうち，多くのプロジェクトは，ある問題を解決するために実施する「問題解決型プロジェクト」に分けられる．これには，途上国で実際に起きている社会問題を解決するものや，日常生活上の問題を解決するものまで幅広く含まれる．本章では，問題解決型プロジェクトを有効に実施する手法の一つとして，プロジェクトサイクルマネジメント（Project Cycle Management）手法（PCM 手法）に焦点を当てる．問題解決型プロジェクトでは，問題に関わる関連事項を様々なステークホルダーの視点から踏まえた上で，プロジェクトの実施事項を厳密に特定する必要がある．プロジェクトに関わる周辺状況を十分認識していないと，プロジェクト実施中に思わぬリスクに直面する可能性がある．また，プロジェクトの目的や活動内容を特定していないと，プロジェクトの方向性が定まらず，プロジェクトの目標を達成できない．プロジェクトに関わる様々な状況を俯瞰的に見ることと，明確な期限と目標を持ったプロジェクトを定義することの両方が求められる．

本章では，問題解決型プロジェクトにおいて，プロジェクトを幅広く網羅的に認識することを目的に，発想法および情報整理手法として有名な KJ 法について前半に解説し，後半で PCM 手法について解説する◀2.

◀1 12 ページを参照.

◀2 PCM 手法を開発した国際開発高等教育機構のテキストは，本章の KJ 法の段階を「PCM 参加型ワークショップ」と位置づけ，幅広いステークホルダーによる協同作業を想定している．一方，本章ではプロジェクトの提案・分析の一環として KJ 法を位置づけており，ワークショップとは目的が異なる.

3.1 KJ 法

PCM 手法は現存する問題を解決する手法である．問題が具体化されているので取り組みやすい面がある一方，現状で認識されている問題以上の課題・背景を見つけにくいことがある．また，従来型の問題解決策の枠からはみ出ることができず，大胆な発想による問題解決策が生まれにくいこともあるかもしれない．こうした場合，PCM 手法を始める前に補完的な手法を用いることで，問題に関わる課題を幅広く網羅的に認識し，把握し直すことができる．本章では，その有効な手法として，ブレインストーミング法を組み合わせたKJ法を紹介する．

KJ法は日本で長年，幅広い分野において使われている発想法の一つであり，発想法としてだけではなく，ブレインストーミング後の情報整理手法としても用いられている◀1．

ラベルにある情報を，ラベルを動かしながら組み合わせ，そのプロセスから新しい発想を見つけることが手法の特徴である．準備に必要な用具は筆記用具，付箋，模造紙だけであり，一人でも少人数でも大人数でもできることから，ビジネスや教育，ワークショップなどの様々な場面で活用されている（文献［2］）．

以下，発想法および情報整理手法として，ブレインストーミング法と組み合わせたKJ法のプロセスを解説する．表3.1に手順の概要を示す．

◀1　開発者である川喜田二郎氏が東京工業大学教授であった1965年，日本独創性協会の発刊する機関誌「独創」にて，氏のイニシャルから名付けられた．『発想法』（中公新書，1967年）と『続・発想法』（同，1970年）の出版を契機に，川喜田氏によって普及活動が行われ利用されるようになった．

表3.1　KJ法作業手順の概要

段階		内容	ポイント
ラベル作成	1-A	テーマの確認	・進行役を決める
	1-B	ラベルの記入	・ラベル記入のコツを踏まえ，メンバー全員が複数のラベルを作成する ・ブレインストーミングの4原則に従う
	1-C	ラベルの確認	・ラベル確認のポイントを踏まえ，ラベルの意味をメンバー全員で確認する
グループ化	2-A	小グループの作成	・内容の類似したラベル・関連のあるラベルを集めて，グループを作成する
	2-B	小グループのタイトル作成	・小グループの内容を過不足なく示すタイトルをつける
	2-C	大グループの作成	・小グループ同士で内容の近いものを大グループにまとめる．大グループの数は5から8程度とする
図解化	3-A	大グループの空間配置と関係性	・大グループの関係をつなげるように配置する ・関係づけの記号，キーワードを記入する
	3-B	図解の記述	・大グループ（小グループ・ラベル）の重要度を決めて，視覚的に表す ・図解を見ながら，重要性や関係性を文章にする

3.1.1　第1段階：BS法によるラベル作成

プロジェクトのテーマに関わることについて，グループの各メンバーの考え方，意見，アイデア，情報を自由に「ラベル」に書き出すことをブレインストーミング（BS：Brain Storming）法と呼ぶ◀2．本章では，BS法をKJ法の第1段階に位置づける．この段階では，テーマに関連する「情報の共有」が大切になる．関連すると思われることを自由に書き出していくことがBS法の基本である◀3．

(1)　1-A：テーマの確認

まず進行役を決める．模造紙を広げ，進行役が討議するプロジェクトのテーマを模造紙の上部に明記する（図3.1）．模造紙の右下隅には，

◀2　BS法はリスク特定の技法としても活用されている．

◀3　ラベルには，何度も取ったり貼り付けたりすることが可能な付箋を用いる．付箋の大きさは，ラベル記入に適した分量（10～20文字）が入る程度の大きさが望ましい．また，複数の色（3～4色程度）の筆記用具を準備する．後述するタイトル記入や図解作成時には色使いを工夫する．

①年月日，②場所，③メンバーの氏名を書く．

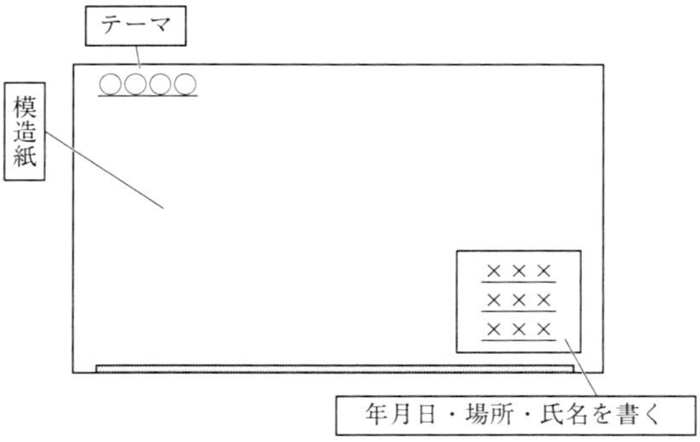

図 3.1 テーマの確認

(2) 1-B：ラベルの記入

テーマについて5分間程度，ウォーミングアップをかねて自由に議論した後，メンバーが自分のアイデアや意見をラベル1枚に1項目ずつ記入し，模造紙に並べる◀4．ウォーミングアップでは討議するテーマについて互いに確認しながら，ラベルの記入方法を話し合う．

◀4 ラベルを並べる場所は，この段階では気にしなくてよい．

【ラベル記入方法】

①**順番発言方法：** メンバーが順番に発言して，それをラベルにまとめる．1巡で終わらさず，3巡程度行う．アイデアがたくさん出てくる場合は3巡以上行っても構わない．他のメンバーが既に発言した意見は繰り返さないようにする．「何もありません」とならないように，必ず何か発言し，ラベルに記入する．他のメンバーの発言を聞きながら思いついたことをメモしておくと，順番が回ってきたときにメモを参考にしながら発言できる．

②**集中記入方法：** 5分など時間を決めて，メンバーが思いついたことをラベルにどんどん記入する．1回で終わらさず，互いのラベルの内容について重複等がないか確認した後，3回程度行う．アイデアがたくさん出てくる場合は3回以上行っても構わない．2回目以降は，他のメンバーのラベルを参考にするとよい．

【ラベル記入のコツ】

・どんな内容でも思いついた考えを記入する．
・単語ではなく簡潔な文章で記述する．
・一つのラベルには一つの内容にし，複数の意味を含めないようにする◀5．
・後日に誰が読んでも意味がわかるように具体的に書く．
・抽象的・概念的な表現は避ける．
・推論・想像・思い込みは避ける．

◀5 例
不適切な記入例：
　△△の予算不足のため□□の状態が悪く，■■が十分でない．
適切な記入例：
　△△が予算不足である．
　□□の状態が改善されていない．
　■■が十分でない．

・事実関係のはっきりしないラベルは印（マーク）をつけ，要確認事項としておく．

【ブレインストーミング法の 4 原則】

①**批判禁止：**　自由なアイデア抽出を制限するような高圧的な批判や断言的な判断は慎む．ただし，可能性を広く抽出するために，建設的な批判を出し合い議論することは歓迎する．

②**自由奔放：**　未熟・粗野と思われるアイデアも受け入れる．奇抜な考え方やユニークで斬新なアイデアを重視する．

③**量重視：**　質より量を求めてあらゆるアイデアを歓迎する．様々な角度から多くのアイデアを出す．

④**組み合わせ・改善：**　他人のアイデアを聞いて触発され，連想を働かせる．あるいは他人のアイデアに自分のアイデアを加えたり，変化させたりして新しい意見として述べる．

(3)　1－C：ラベルの確認

ラベルを模造紙に自由に並べ（図 3.2），進行役が各ラベルを 1 枚ずつ読み，書いてある意味を全員で確認する．

①進行役が読む．
②ラベル記入者が説明する．
③ラベルに書いてある内容から説明された内容が読み取れるかどうか，全員で確認する．

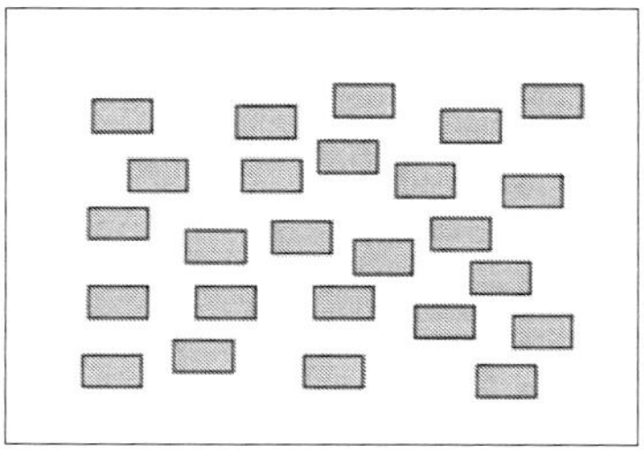

図 3.2　ラベルを模造紙上に自由に並べる

【ラベル確認のポイント】

①説明内容と文章の表現が異なる場合や，意味が明確に理解できない場合は記入者が書き直す．
②説明後，内容が同様と判断できるラベルは統合する．
③ 2 つ以上の説明が含まれているラベルは分ける．
④確認中，説明者に対して疑問点があれば遠慮なく質問する．
⑤確認中の質疑応答や討論の中で，新しい意見やアイデアが出てきたら，それを別のラベルに記入する．そのラベルの意味も改めて確認する．

3.1.2　第 2 段階：グループ化

(1)　2－A：小グループの作成

内容の類似したラベル，関連のあるラベルを集めて，小グループを作る．小グループのラベルの枚数は数枚程度とし，多すぎない方が望ましい（目安として 10 枚以内程度）．似た内容がないラベルも，単独のラベルとして残しておく．小グループ作成後，テーマについて改めて確認し，抜けているアイデアや意見がないか確認する．この過程で改めてラベルを追加してもよい．小グループの数は多くなっても構わない．この作業はメンバー全員で行う.

(2) 2－B：小グループのタイトル作成

各小グループにタイトル（小タイトル）をつける（図 3.3）◀6. タイトルは小グループの内容を過不足なく示すようにする.

◀6 小タイトルは模造紙ではなく付箋に書く. ラベルと間違えないように, 赤字・太字にするなど工夫する.

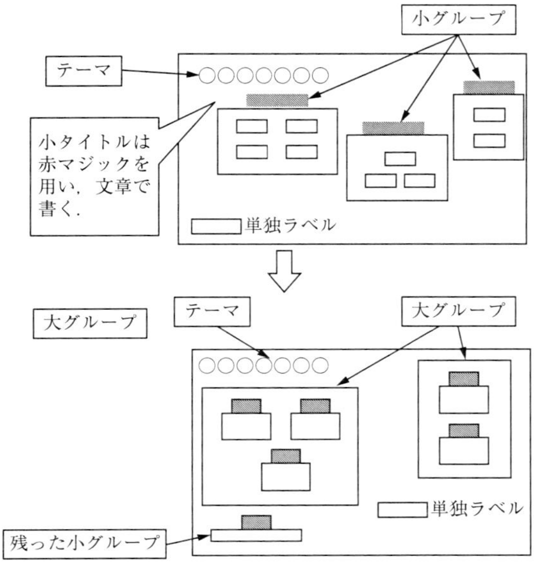

図 3.3 小グループ, 大グループの作成例

(3) 2－C：大グループの作成

テーマに照らし合わせながら, 小グループ同士で内容の近いものを大グループにまとめる（図 3.3）. 大グループの数は 5～8 程度にする（多くても 10 以内とする）. 並行して, 大グループのタイトルを作成する◀7. この大グループが, プロジェクトの背景や範囲, 解決策を考える際の基本構成要素となる.

◀7 大グループのタイトルも, この段階では小グループのタイトルと区別できるように付箋に書く. グループ化の段階で模造紙に直接タイトルを書いたり, 線を引いてはいけない. 次の図解化の段階でグループ間の関係を考えていく際, 位置を変えることもあるからである.

3.1.3 第 3 段階：図解化

(1) 3－A：大グループの空間配置と関係性

大グループのそれぞれの関係をつなげるように, 模造紙上に大グループを配置する. グループの配置を決める際には, 各グループの関係性も同時に議論する（図 3.4）◀8. 一度の議論で大グループの配置と関係性を固定せず, メンバー間で十分に議論して配置および関係性を決める. 配置および関係性が決まったら, 模造紙に直接, 大グループのタイトル, 関係づけの記号を記す. 関係づけに用いる記号の付近（線の上など）には, 関係性を示すキーワードも具体的に記しておく. また, 他のグループと関係がないグループも残しておく.

◀8 たとえば, 「単純に関係あり」, 「原因と結果の関係」, 「相互に因果関係」, 「互いに対立関係」など.

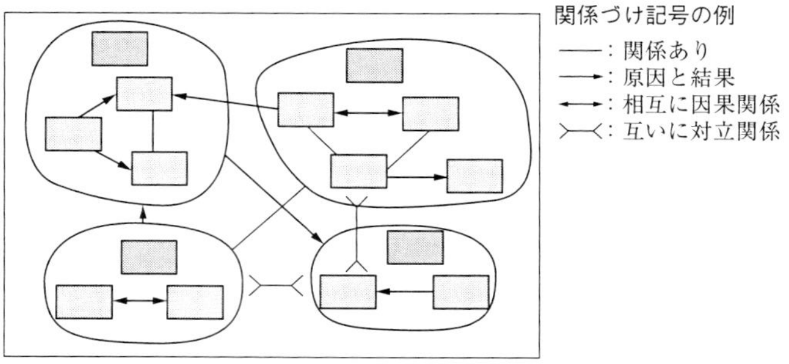

図 3.4　図解化の例

(2)　3－B：図解の記述

KJ 法の最後の作業として，図解結果を文章で記述する．まずメンバー全員で図解結果を見ながら，各大グループ（場合によっては小グループやラベル）の重要度を決める．重要度の高い大グループに対し，上から順に順位をつけたり，マークをしたりして，重要度が一目見てわかるようにしておく．その後，大グループの関係を文章で記述する．プロジェクトのテーマに関して，重要な要素が何であり，それらがどのような関係にあるのかを文章に書いて明らかにするのがこの作業である◀9．

前段階 3－A の図解化後，図解結果を記述する前に，数日寝かした方が望ましい．一度，時間を空けることで，グループ間の関係性を再考したり，新たな発見があるかもしれないからである．

◀ **9**　KJ 法で行ってきた作業手順を書いてはいけない．

3.1.4　PCM 手法を意識した KJ 法の活用

KJ 法の本来の目的は，テーマに関わる項目を自由な発想で関連づけていくことであり，問題解決を必ずしも目的としたものではない．しかし，本章では問題解決を目的としたプロジェクトに KJ 法を活用することを意図している．そこで，PCM 手法の補完的手法としての活用を意識した KJ 法の実施方法について，3 点のポイントをまとめる．ただし，これらのポイントは自由な発想の妨げになる可能性もあることから，第 3 段階の図解化を終えてから，図解構造を見直すときに実行することが望ましい◀10．

◀ **10**　なお，KJ 法で作成したラベルは，後述する PDM や WBS（第 1 章，第 2 章を参照）を作成する際にも，項目の洗い出しに活用できる．

①**関係者分析：**　プロジェクトあるいはテーマに関係すると思われるすべてのステークホルダーの視点からラベルやグループを作成できたか？特定のステークホルダーから見たラベルに偏っていないか？

②**問題分析・目的分析：**　プロジェクトあるいはテーマの中心問題となりうる大グループはあるか？　中心問題の原因となる具体的な問題はあるか？　中心問題が解決されるとどのような結果がもたらされるのか？　それは望ましい状態か？

③**プロジェクトの選択：**　問題が解決した望ましい状態とは何か？　それが望ましい状態と言える理由は明確か？　問題の解決策に複数の案はあるか？

3.2　PCM 手法

プロジェクトをサイクルとしてとらえる考え方として広く知られているのは，PDCA（Plan-Do-Check-Act）サイクルである．PDCA サイクルは，1950 年代に提唱されたプロジェクトマネジメントのツールの一つであり，計画（plan）→実施（do）→評価（check）→改善（act）という 4 段階の活動を繰り返すことによって，継続的なプロジェクトの改善を目的としている．

プロジェクトサイクルマネジメント（PCM：Project Cycle Management）手法は，計画，実施，評価の三つのプロセスからなるプロジェクトのサイクルを，プロジェクトデザインマトリクス（PDM：Project Design Matrix）と呼ばれるプロジェクト概要表によって運営管理する手法である◀1．PDM はプロジェクトの基本構成を体系づけて概念的に示すものであり，プロジェクトの上位目標（プログラム）との関係や，具体的な活動，評価指標，外部条件などの互いの論理的な関係を視覚的に把握できるように構成されている．

本節では，国際開発高等教育機構（FASID：Foundation for Advanced Studies on International Development）の作成した「PCM 開発援助のためのプロジェクト・サイクル・マネジメント参加型計画編（改訂第 7 版）」（文献［3］）および「モニタリング・評価編（改訂第 6 版）」（文献［4］）◀2に基づいて，その概要を解説する◀3．プロジェクトの経験のない，あるいは経験の少ない読者が，問題解決型プロジェクトの提案に必要なプロセスを学ぶために，PCM 手法のエッセンスを抽出し，紹介するものである◀4．

FASID テキストは途上国の開発援助プロジェクトのために作成されている◀5．しかし，本節で紹介する PCM 手法は，途上国の問題解決に限らない様々なタイプの問題解決型プロジェクトに応用できるようにまとめている．

PDM は米国の国際開発庁（USAID：United States Agency for International Development）が開発したロジカルフレームワーク（ログフレーム）を起源としており，同じ形式である◀6．ログフレームは，国際連合や世界銀行，欧州諸国の援助機関にも取り入れられており，開発援

◀1　第 2 章で用いるプレシデンスダイアグラム法（PDM：Precedence Diagram Method）とは異なる．

◀2　今後，本章では 2 つのテキストの総称として FASID テキストと呼ぶ．

◀3　基本構成は FASID テキストを参照し，PCM の要点を簡潔にまとめてある文献［6］とも比較しつつ，手法の概要を整理している．

◀4　新商品の開発など，問題解決を目的としないプロジェクトに PCM 手法を用いる時は，プロジェクトの目的を新規アイデアの提案に置き換えるなどの工夫により活用できる．

◀5　開発援助プロジェクトに PCM 手法を適用するには，本格的な研修を受ける必要がある．FASID は開発援助に関わる実務者を対象に，PCM 手法を本格的に学ぶ研修を，「計画・立案コース」と「モニタリング・評価コース」に分けて定期的に開催している．詳しくは FASID のウェブサイトを参照されたい．

◀6　国際的には，Project Design Matrix よりも Logical Framework または Log Frame と呼ばれることが多い．

助プロジェクトに活用されている．わが国でも，国際協力機構（JICA）が1994年からプロジェクト運営管理手法の一つとして，PCM手法を導入している◀7.

◀7　PCM手法の詳細については，FASIDテキスト（文献[3]，[4]）を参照されたい．文献［5］には，PCM手法の適用事例が詳しく紹介されている．また，途上国支援プロジェクトにPCM手法を活用する際の留意点や限界は文献［7]，[8］にまとめられている．

3.2.1　PCM手法の特色

(1)　参加型

プロジェクトに関わるステークホルダーが主体的に参加可能なワークショップ形式を基本としている．これにより，ステークホルダー間のコミュニケーション促進につながる．

(2)　論理性

問題分析では「原因－結果」，目的分析では「手段－目的」のように，因果関係を明確にしたわかりやすい分析手法であり，論理の飛躍を避けられる．PDMはプロジェクトの要素とそれらの関係を論理的・視覚的に示す形で作成される．

(3)　一貫性

計画，実施，評価というプロジェクトサイクルの過程を，PDMを用いて一貫して運営管理できる．この過程から計画決定や判断の根拠が明らかになり，プロジェクトの透明性が確保される．

3.2.2　PCM手法のステップ

PCM手法のステップを表3.2に示す．ステップ1から4が分析段

表3.2　PCM手法のステップ

ステップ1：関係者分析（Stakeholders Analysis）◀8 対象として考えているプロジェクトや関連した問題に関わる組織，グループ，個人が，どのようにプロジェクトに関わるかを明らかにする．
ステップ2：問題分析（Problems Analysis） プロジェクトに関連した問題を「原因－結果」の関係で整理し，系図としてまとめることで各問題の相互関係を明らかにする．
ステップ3：目的分析（Objectives Analysis） 問題解決後の望ましい状態を目的とし，問題を解決する手段との関係を「手段－目的」の関係で整理し，系図としてまとめる．
ステップ4：プロジェクトの選択（Project Selection） 複数のプロジェクト案を様々な基準を用いて比較し，実行するプロジェクト案を選択する．
ステップ5：PDM（Project Design Matrix）**作成** PDMを用いて，プロジェクトの概要と骨子を決める．
ステップ6：活動計画表（Plan of Operations） プロジェクトの各活動と成果についての計画を定める．
ステップ7：モニタリング（Monitoring） プロジェクトの進捗状況把握のため定期的に情報収集し，必要に応じてプロジェクトの計画を修正する．
ステップ8：評価（Assessments） プロジェクト実施後に「評価5項目」の指標を用いて評価する．

◀8　FASIDテキスト（文献[3]）では関係者分析を最初に行う．しかし，ステップ5のPDMの作成後，プロジェクトの輪郭がはっきりしてから改めて関係者分析を実施することにも意義がある．

階，ステップ５と６が計画段階，ステップ７が実施段階，ステップ８が評価段階である．本節では，ステップ１から６までの分析・計画段階を中心に解説する．

(1)　ステップ1：関係者分析

関係者分析では，対象として考えているプロジェクトや関連した問題に関わる組織，グループ，個人が，どのようにプロジェクトに関わるかを明らかにする．プロジェクト関係者とは，第１章で解説したステークホルダーのことであり，PMBOKでは「プロジェクトに積極的に関与しているか，またはプロジェクトの実行あるいは完了によって自らの利益がプラスまたはマイナスの影響を受ける，顧客，スポンサー，母体組織，一般大衆のような個人や組織」と定義されている．プロジェクトに実際に関与する関係者だけではなく，プロジェクトによって何らかの影響を受ける個人や組織も含まれる◀9.

◀9　たとえば，新空港開港プロジェクトにおいて，空港の開港後，空港建設従事者以外の周辺住民は，空港にすぐにアクセスできるというプラス（正）の影響と，騒音被害というマイナス（負）の影響を同時に受ける．

【関係者分析の方法】

①想定されるプロジェクト関係者（ステークホルダー）をすべて書き出す．

②書き出されたステークホルダーを，立場別に分類する．

例：決定者，実施者，出資者，受益者，被害者，協力者，反対者等

③分類されたグループから，重要と思われる関係者を選び，表3.3のようにまとめる．

例　基本情報：　人数・規模，年齢層，予算，教育レベル，組織体制，社会文化的特徴，経済的側面，技術力等の客観的情報．

問題／弱み：　どのような問題，弱点を持っているか．

可能性／強み：　どのような優位な資質，資源を持っているか．将来価値のある潜在能力はあるか．プラスとなる要因はあるか．

表3.3　関係者分析の例

ステークホルダー	立場	基本情報	問題／弱み	可能性／強み	ニーズ	対応策
自動車運転者	受益者	・都市人口 ・都市自動車保有台数 ・都市平均世帯収入	・移動時間が予測できない ・燃費が悪化する		・道路混雑解消 ・移動時間の安定	・鉄道利用 ・自動車利用回数削減 ・自動車売却
建設会社	実施者	・業務形態 ・従業員数 ・財務情報	・高コスト構造	・高規格道路建設技術あり ・都市鉄道建設技術あり	・建設事業入札	・人件費削減
地元自治体	決定者・出資者		・予算不足	・用地買収法律あり	・道路予算確保	・自動車グリーン税の導入

ニーズ：　どのような希望や期待を持っているか．何を必要としているか．

対応策：　問題や弱みを克服するため，あるいは可能性や強みを生かすため，どのような対応が可能か．

④ターゲットグループを仮決めする．ターゲットグループとは，プロジェクトの実施により正の効果を受益するステークホルダーのことである．プロジェクトはそのグループの問題を解決するために実施される．この時点でのターゲットグループは仮決めとし，プロジェクトの選択後にターゲットグループを確定する．

(2)　ステップ 2：問題分析

問題分析では，プロジェクトに関連した問題を「原因－結果」の関係で整理し，図 3.5 のような系図（問題系図）としてまとめることで各問題の相互関係を明らかにする．問題系図では，原因である問題を下に，原因の結果として生じている問題を上に配置する．系図に示されたある問題は，上位の問題を引き起こす原因であり，同時に下位の問題によって引き起こされた結果でもある．

【問題分析の方法】

①最初に中心問題を決める．中心問題は，問題系図作成の出発点となる問題である．分析したいその他の問題は，この中心問題の原因あるいは結果として系図のどこかに位置づけられる．中心問題を幅広い課題に設定すると分析範囲は広くなり，限定すると狭くなる◀10．分析したい範囲が過不足なく適切になるように，中心問題を設定する必要がある．

◀ 10　分析範囲が広すぎると時間がかかるだけでなく，分析の焦点が曖昧になる．反対に，分析範囲が狭すぎると分析するべき情報が漏れてしまったり，プロジェクトの代替案が作成できなくなる．

中心問題の設定には KJ 法の結果を活用する．また，関係者分析で定

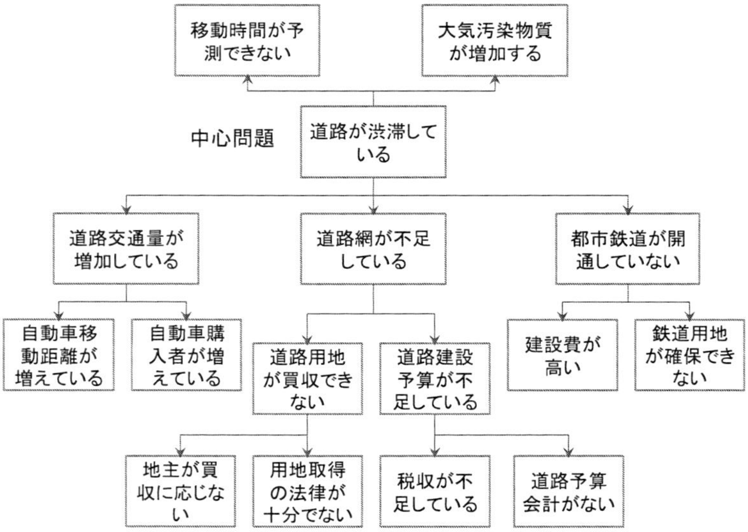

図 3.5　問題系図の例

めたターゲットグループを対象とした問題が，中心問題として適切である◀11.

◀ 11 問題解決型プロジェクトを想定しているので，将来起こりうる問題は原則として対象とせず，現在起きている問題を対象とする．

②中心問題の直接的な原因となっている問題を，中心問題の一段下のレベルに並列に配置する．通常，一つの問題に対する原因は複数存在する．先入観を持って決めつけないように，原因となる問題を考える．ここでも KJ 法の結果を活用する．

③中心問題が直接的な原因となって引き起こされた問題を，中心問題の一段上のレベルに並列に配置する．

④分析したい範囲が適切かどうか中心問題を常に確認しながら，問題を「原因－結果」の関係で整理し，系図を上下に発展させる．

(3) ステップ 3：目的分析

目的分析は，問題解決後の望ましい状態を目的とし，問題を解決する手段との関係を「手段－目的」の関係で整理して，図 3.6 のように系図（目的系図）としてまとめるものである．問題系図で示した望ましくない状態を問題が解決された望ましい状態に作り直し，さらにその状態にするための具体的な手段を考える．目的系図では，問題が解決された望ましい状態である目的を上に，その状態を達成するための手段を下に配置する．系図に示されたある目的は，上位の目的を導く手段であり，同時に下位の手段によって導かれる目的でもある．

関係者分析と問題分析までは現状分析であるのに対し，目的分析から以後は問題解決の提案に向けた分析となる．

【目的分析の方法】

①最初に中心目的を決める．中心問題を解決した望ましい状態を中心

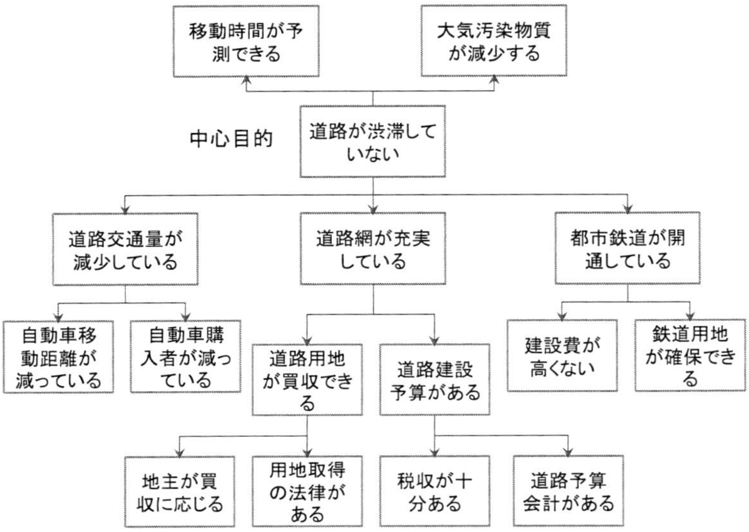

図 3.6 目的系図の例

目的とする．目的分析の各項目は，達成された望ましい状態で表記する．

②問題系図に示された望ましくない状態を，問題が解決された望ましい状態にそれぞれ書き換える◀12.

◀12　否定から肯定へと機械的に書き換えるのではなく，それが本当に望ましい状態か，実現可能性はあるかなどを確認する．実現可能性の検討には，関係者分析における各ステークホルダーの基本情報が参考になる．

③必要に応じて，目的を変更する，手段を追加する，不要な目的を削除するなどの修正を加える．問題系図の問題に対応する目的が不適切，あるいは不要と思われる場合は，無理に対応させて目的系図を作成する必要はない．特に，目的を達成することで，あるステークホルダーに大きなマイナスの影響が出る場合は，別の手段を検討する．

(4)　ステップ 4：プロジェクトの選択

プロジェクトの選択では，複数のプロジェクト案を様々な基準を用いて比較し，実行するプロジェクト案を選択する．目的系図には，中心目的を達成するために必要な複数の手段があるものの，プロジェクトの実施には予算など種々の制約が生じるため，それらすべての手段を実施することはできない．目的分析で挙げられた目的と手段から，その一部をプロジェクトして選び出す．

【プロジェクトの選択の方法】

①目的系図ではいくつかの手段－目的の枝葉が階層構造をもったグループを形成し，プロジェクトの原型を構成している．プロジェクトの原型となる枝葉を確認し，それぞれ線で囲んだグループを作る（図 3.7）．これがプロジェクトの代替案となる．

②線で囲った各グループの目的（達成するべき望ましい状態）を確認

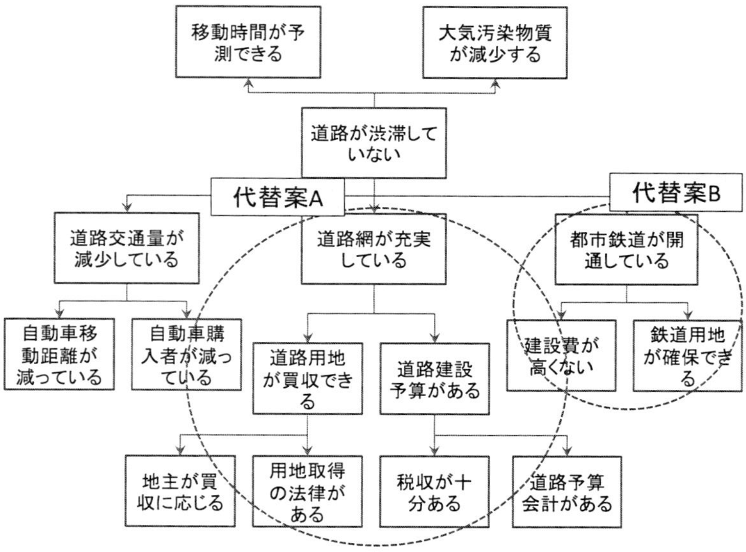

図 3.7　プロジェクトの代替案

する．プロジェクトとして不適切なもの，また実施可能性がないものは除外する．

③残ったプロジェクト代替案を比較する選択基準を選定する．ステップ 8 の評価における基準を意識した選択基準が望ましい．

例 ターゲットグループ／受益者のニーズ／その他のステークホルダーへの正の影響，負の影響／優先度／投入（人員，機材，資金）／費用／技術的難易度／目的達成可能性／リスク

④選択基準を用いて代替案を比較検討し，プロジェクトとする代替案を選択する（表 3.4）．

⑤選択したプロジェクトに合わせて，関係者分析で仮決めしたターゲットグループを確定する．ターゲットグループを変更する場合，変更する理由を十分議論する．

(5) ステップ 5：PDM 作成

プロジェクトデザインマトリクス（PDM：Project Design Matrix）は，縦軸にプロジェクトの上位目標，プロジェクト目標，成果（アウトプット），活動を，横軸に要約，指標，入手手段，外部条件を示す，マトリクス型のプロジェクト概要表であり，表 3.5 のように表される．PDM を作成することでプロジェクトの骨子が定まる．PDM の具体的事例を章末の付録に示しているので，合わせて参照して欲しい．

【PDM 作成の方法】

①**プロジェクトの要約：** PDM の一番左の列には，プロジェクトの目標を階層別に示す．プロジェクトの選択で採択された目的系図の代替案の「手段－目的」の構成を参考にして作成する．

上位目標 プロジェクトの上位に位置する目標であり，PMBOK におけるプログラム目標に該当する．プロジェクトの目

表 3.4 代替案の比較検討例

	代替案 A：道路建設	代替案 B：鉄道建設
ターゲットグループ	都市道路利用者	都市道路利用者
受益者のニーズ	非常に高い	非常に高い
その他のステークホルダー	大気汚染排出量削減 用地買収による住民移転 税収増	大気汚染排出量削減 用地買収による住民移転 税収増
優先度	非常に高い	高い
投入	標準技術	最先端技術
費用	中程度	大きい
技術的難易度	標準的	難しい
目的達成可能性	高い	中程度
リスク	中程度	高い

表 3.5　PDM の基本構成

プロジェクトの要約	**指標** **目標達成度を測る基準**	**入手手段** **指標の情報源と入手方法**	**外部条件** **プロジェクトで管理できないものの，成否に関わるような条件**
上位目標 プロジェクト目標達成後の目標	上位目標の指標	上位目標の指標の入手手段	プロジェクトの長期的な効果を持続させるために必要な外部条件
プロジェクト目標 プロジェクト完了までに達成するべき目標	プロジェクト目標の指標	プロジェクト目標の指標の入手手段	上位目標を達成するために必要な外部条件
成果 プロジェクト目標を達成するために必要な成果	成果の指標	成果の指標の入手手段	プロジェクト目標を達成するために必要な外部条件
活動 成果を出すためにプロジェクトが行う活動	**投入** プロジェクトに必要な人員，機材，資金などといった資源		成果を達成するために必要な外部条件 **前提条件** プロジェクト開始に必要な条件

標達成によって生じることが期待される，より長期的な目標である．目的系図との対応では中心目的もしくは中心目的の上位の目的が該当し，達成された望ましい状態を文章で示す◀13.

プロジェクト目標　プロジェクト完了までに達成するべき目標である．プロジェクト実施により，ターゲットグループが受けるプラスの効果・影響を，達成された望ましい状態として文章で示す．プロジェクトを効率よく実施するため，PCM 手法ではプロジェクト目標は一つにする．目的系図との対応では，選択したプロジェクト代替案の最上位の目的もしくは中心目的そのものとなる．

成果　プロジェクト目標を達成するために，プロジェクトの各種活動によってもたされる個別の成果であり，成果の状態を文章で示す◀14. 目的系図との対応では，選択したプロジェクトの最上位の目的の一段下とさらにそれより下の段が候補となる◀15.

活動　個別の成果を実現するために実施する主要な活動を具体的に示す．目的系図との対応では，成果の一段下を参考とする◀16. 各成果と各活動を対応させることが重要である．

②**指標：**　指標とは，「プロジェクトの要約」に記載された各段階の目標が目指す目標値を示すものである．指標によって達成するべき目標を明確にし，客観的検証にも用いることから，指標は具体的である必要がある．そのため，対象（誰にとって），種類（何を），量（どのくらい），質（どの程度），時期（いつまでに），場所（どこで）の各要素を含むことが望ましい．できるだけ数量で示した指標を作成することで，達成基準を明確にできる．また，誰が計測しても同じ数字となる再現性も求められる◀17.

指標の設定により，「プロジェクトの要約」がより明確になることも

◀ **13**　ただし，上位目標と中心目的の関係において，表現が必ずしも一致するわけではないことから，適宜，より適切な表現に書き換える.

◀ **14**　FASID テキスト（文献 [3]）では，この階層のプロジェクトの要約を「アウトプット」と呼んでいる一方，PCM Tokyo グループ（文献 [6]）は「成果」と呼んでいる．本章では，後者の方がより一般的な表現であると考え，「成果」とした.

◀ **15**　WBS（Work Breakdown Structure）の要素成果物に該当する.

◀ **16**　PMBOK におけるアクティビティ（第 2 章参照）や KJ 法で作成したラベルを活用できる.

◀ **17**　目標の達成度を数量で示すことやデータの入手・測定が難しい場合は，データの入手・測定が可能な代替指標を目標達成に関連した間接指標として用いる.

ある．このような場合はフィードバックさせて，プロジェクトの要約の内容を修正する．指標を用いたプロジェクトの検証は，プロジェクト中のモニタリングやプロジェクト後の評価において実施される．プロジェクト中でも，必要があれば指標を変更してもよい◀18．

③**入手手段：** 入手手段には，指標となるデータの情報源（組織名，資料名，発行年など）および入手方法を明記する．既存の統計資料，報告書だけでなく，プロジェクト中に実施される調査記録も情報源となる．情報源を決める際には，情報収集方法などの信頼性に注意する必要がある◀19．単年調査よりも経年調査の方が信頼性は高い．また，データの入手難易度にも注意する必要がある．既存の統計資料の場合，紙媒体・電子媒体，有料・無料などの違いによって費用や入手までの時間が異なる．

情報源となるデータが既存の統計資料や報告書にないときは，プロジェクト中に調査を実施してデータを収集し，加工する．その場合，その費用と時間もプロジェクトの活動として後述の活動計画表に含める必要がある．調査によるデータ収集も困難な場合には，指標を変更するべきである．

④**外部条件：** 外部条件とは，プロジェクトの成功に重要であるものの，コントロールできず，満たされるかどうか不確実な条件のことである◀20．活動から上位目標までの「プロジェクトの要約」に定めた目標が達成された後，その上位の目標が達成されるために必要な条件となる．

外部条件を定める観点として，経済性，政策・規則・制度，社会・文化，自然環境，他のプロジェクトの影響などが挙げられる．満たされる可能性がきわめて低い外部条件が考えられるときは，プロジェクトの内容や目的を変更する方が望ましい．さもないと，プロジェクトの成功は期待できないからである．外部条件はコントロールできないため，プロジェクトのリスク要因になる．第2章で解説したように，外部リスクはプロジェクトの成否を大きく左右することから，プロジェクト実施中には外部条件の状況を注意深くモニタリングする必要がある．

「プロジェクトの要約」の列と「外部条件」の列は，図3.8のような下から上に上がる論理関係で構成されている．最初に「前提条件」が満たされた後，「投入」によって「活動」が開始される．「活動」によって「成果」の目標が達成されるためには，「活動」と同レベルにある外部条件が満たされている必要がある．同様に，「成果」の達成後に「プロジェクト目標」が達成されるためには，「成果」と同レベルにある外部条件が満たされていなくてはならない．「上位目標」についても，「プロジ

◀**18** その際，「プロジェクトの要約」の目標や他のレベルの指標との関連性を確認し，整合が取れるように修正する．

◀**19** たとえば，国際組織が公開している定義の明確な統計情報と，ウェブサイト上のアンケート調査結果では，情報の信頼性は当然異なる．

◀**20** 逆に言うと，①プロジェクトの成功に重要ではない，②プロジェクトでコントロールできる，③条件が確実に満たされる，のどれか一つでも満たされる場合は，外部条件にはならない．

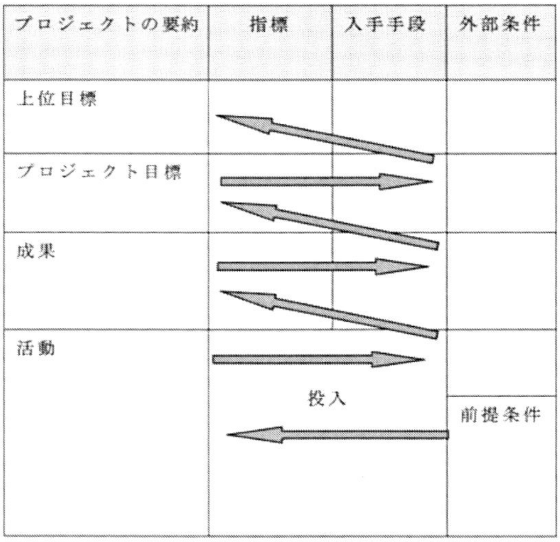

プロジェクトの要約
指標
入手手段
外部条件
上位目標
プロジェクト目標
成果
活動
投入
前提条件

図 3.8　PDM の論理関係

ェクト目標」と同レベルにある外部条件が満たされてから目標が達成される．

⑤**投入：**　活動を実施するために必要な資源であり，人員，機材，資金などがある．プロジェクト実施者は一組織だけでないことから，プロジェクトに関わるステークホルダー別に明記する．

⑥**前提条件：**　プロジェクト開始の前提となる特定の条件である．「予算が得られる」「関係機関がプロジェクトに合意する」など，どのプロジェクトにも共通する一般的な条件ではなく，該当するプロジェクトを始める前に満たされるべき具体的な条件を記入する．

(6)　ステップ 6：活動計画表

PDM は活動の概要をまとめていることから，PDM だけで活動を実施管理していくことは難しい．そのため，活動計画表（PO：Plan of Operations）を用いて，各活動と成果についての計画をたてる（表 3.6）．活動計画表には，PDM に記載された活動別に，PDM に記した成果，スケジュール（活動の実施時期），責任者，実施者，投入，予算などをまとめて記載する．ここまでがプロジェクト計画段階のプロセスとなる．

(7)　ステップ 7：モニタリング◀21

◀ **21**　PCM 手法におけるモニタリングの詳細は文献［4］を参照のこと．

表 3.6　活動計画表の例

活動	成果	スケジュール（月） 3　6　9　12　15	責任者	実施者	投入	予算	備考
1-1 ～区間の斜線拡張	1-1 ～区間の平均速度向上		地元自治体	建設会社 X	道路建設資材	～億円	

モニタリングはプロジェクト実施段階のプロセスであり，プロジェクト実施中にプロジェクトを改善するために行う．プロジェクト実施中には，当初想定していなかった事態，あるいは想定していても想像以上にプロジェクトに大きな影響を与える事態が起こりうる◀22．こうした事態に事前に備えることがリスク対策であり，事態が生じた後に，プロジェクト改善のため軌道修正するのがモニタリングである．FASIDテキストでは，モニタリングを「プロジェクトの実施段階において，PDMや活動計画表に照らしてプロジェクトの実施状況を継続的に把握し，必要に応じて計画内容を修正すること」と定義している◀23．

モニタリングする対象は，①活動の進捗状況，②成果の達成状況，③プロジェクト目標の達成状況の3点が中心である．このほかにも，投入状況や外部条件・前提条件の変化も，必要に応じてモニタリングする．①は活動計画表，②と③はPDMに照らし合わせ，進捗状況を確認するために継続的・定期的に情報収集を実施する．その結果を集約・分析後，修正の必要性の有無を判断してから，必要な部分の計画を修正する◀24．

モニタリングには明確な役割分担が必要であり，少なくとも情報収集担当者，情報集約・分析担当者，修正判断者の3者が必要である．それぞれの担当者が情報を共有し，修正判断者の結果がフィードバックされるモニタリング体制を構築しておく必要がある．

(8) ステップ8：評価◀25

プロジェクトの評価は，対象プロジェクトのみならず，プロジェクト実施者による他のプロジェクトの質の向上も目的に実施する．PCM手法による評価では，経済協力開発機構（OECD）の開発援助委員会（DAC：Development Assistance Committee）が1991年に提唱した評価5項目を用いる（文献［10］）．FASIDテキストでは，評価を「評価5項目の視点に基づき，体系的かつ客観的に分析・判断し，開発援助プロジェクトの改善に生かすこと」と定義している．

評価5項目は次のとおりである．

1. 妥当性（Relevance）：　プロジェクトの意義を評価
2. 有効性（Effectiveness）：　プロジェクトの目標達成度を評価
3. 効率性（Efficiency）：　プロジェクトの運用を評価
4. インパクト（Impact）：　プロジェクトが及ぼす正負の影響を評価
5. 自立可能性（Sustainability）：　プロジェクトの効果の持続性・発展性を評価

これら評価5項目は，開発援助プロジェクトに用いられる評価指標として，JICAを始めとした多くの援助機関が活用している．しかし，開

◀22 たとえば，外部条件が大きく変化したり，指標となる資料が突然入手できなくなったり，予算が急遽削減されたり，資機材が十分に入手できなくなったりすることなど．

◀23 モニタリングは，プロジェクトの現況を知っているプロジェクト実施者が行う．

◀24 計画修正に応じてPDMも改訂する．

◀25 PCM手法における評価の詳細は文献［4］を参照のこと．

発援助プロジェクトではなくても，十分に活用可能な評価項目である．そのほか，評価５項目を横断的に評価する視点として，政策，技術◀26，自然環境◀27，社会・文化，組織・体制，経済・財政などが必要である．

評価は，プロジェクト実施に関わる組織と，プロジェクトに携わっていない第三者が行う．前者は内部評価，後者は外部評価と呼ばれる．どのような種類のプロジェクトにおいても，外部評価は必須である．中立な立場に基づく評価は，たとえそれが批判的なものであっても，プロジェクト実施者の貴重な教訓となる．プロジェクト関係者では見つけることのできない視点や洞察に基づいた助言を得られるかも知れない．外部評価体制がきちんとできているかどうかは，プロジェクト実施組織の将来の行方を左右するとさえ言っても過言ではないだろう．一方，内部評価も重要であることに変わりはない．プロジェクト実施関係者による評価は，関係者にしかわからない課題を見つけることができ，スムーズにフィードバックされることも期待できる．しかし，客観的な判断に欠けること，また組織にとって負の評価をしづらいという問題点がある．

◀ **26**　第４章では途上国の実情に合わせた適正技術の考え方に触れている．

◀ **27**　第４章では環境社会配慮の事例について詳しく解説している．

コラム

KJ 法の活用法

KJ 法は発想法の中で最も広く人口に膾炙した手法の一つである．時間がかかるものの，誰でも理解でき実行しやすいことが普及した理由の一つであろう．しかし，経済学者の野口悠紀雄氏は，著書「「超」発想法」のなかでマニュアル的な発想法を批判し，その代表例として KJ 法を挙げている．野口氏は「超」発想法の基本五原則を提案しており，「アイデアの組み換えは頭の中（潜在意識下）で行われる」をその第二原則としている◀29．KJ 法はこの原則に反しているというのが，野口氏の主張である．具体的には，「思考の断片を書き出すと能率が下がる」，「思考はどこかの段階で外部化する必要がある．しかし，KJ 法はそれをあまりに初期の段階で行おうとするために，発想の能率を低下させている」と指摘している．

この指摘について，KJ 法を個人が行う発想法として利用する場合は，野口氏の主張が正しいと筆者も感じている．筆者も，研究のアイデアを頭の中の潜在意識下で熟成した経験を多く持つからだ（熟成期間は数年にわたることもある）．しかし，グループワークとしてテーマに関するアイデアを整理し，メンバーで共有する手法として KJ 法は優れている．つまり，KJ 法は，発想法として以上に，情報整理手法として有用なのである（野口氏も見落としを防ぐためには役立つとしている）．対象としているテーマについて，その全体像や全体構想を描き出すことに KJ 法は向いている．PCM 手法と関連づけた活用が有効なのは，まさにこの点である．また，ラベルを数多く書き出すことから，議論が具体的になるという利点がある．ただし，小グループ内の共通性の解明や大グループ間の関係性を形にするには，十分に時間をかける必要があることを常に意識しておくべきである．

◀ **29**　残り4つの原則は次のとおり．第一原則「発想は既存のアイデアの組み替えで生じる．模倣なくして創造なし」，第三原則「データを頭に詰め込む作業（勉強）がまず必要」，第四原則「環境が発想を左右する」，第五原則「強いモチベーションが必要」．

問　題

[3.1]　グループワークとして，ブレインストーミング法とKJ法により，プロジェクトあるいはプログラムを提案せよ．

[3.2]　同じくグループワークとして，[3.1] で提案したプロジェクト／プログラムに基づいて，PCM手法のステップ1からステップ6までを実施し，プロジェクトを具体的に計画せよ．

文　　献

[1]　川喜田二郎：発想法，中央公論社，1967；続・発想法，中央公論社，1970.
[2]　星野　匡：発想法入門（第3版），日本経済新聞社，2005.
[3]　国際開発高等教育機構（FASID）：PCM 開発援助のためのプロジェクト・サイクル・マネジメント 参加型計画編（改訂第7版），2007.
[4]　国際開発高等教育機構（FASID）：PCM 開発援助のためのプロジェクト・サイクル・マネジメント　モニタリング・評価編（改訂第6版），2009.
[5]　国際開発高等教育機構（FASID）：PCM手法の理論と活用，2001.
[6]　大迫正弘：PCMハンドブック第1版（http://pcmtokyo.tripod.com），PCM Tokyoグループ，2004.
[7]　国際協力機構（JICA）・国際協力総合研修所：事業マネジメントハンドブック（初版），2007.
[8]　国際協力機構（JICA）：新JICA事業評価ガイドライン第1版，2010.
[9]　Project Management Institute（PMI）：プロジェクトマネジメント知識体系ガイド（PMBOKガイド）第4版，2008.
[10]　OECD: The DAC Principles for the Evaluation of Development Assistance, 1991.
[11]　野口悠紀雄：「超」発想法，講談社，2000.

附録　PDM の具体的事例

プロジェクト名： T 国 K 市道路渋滞緩和プロジェクト

期間： 2015 年 4 月 1 日から 2020 年 3 月 31 日　**ターゲットグループ：** K 市道路利用者

プロジェクトの要約	指標	入手手段	外部条件
上位目標 K 市大気汚染物質の減少	・2022 年までに大気の NO_x と PM がプロジェクト開始時に比べて 30% 減少する.	・環境局の大気汚染モニタリングデータ	
プロジェクト目標 K 市交通渋滞の緩和	・2020 年までに主要幹線道路の平均所要時間がプロジェクト開始時に比べ 20% 減少する.	・道路局の幹線道路所要時間データ ・プロジェクトによる道路調査所用時間調査記録	・K 市内に燃費の悪い大型自家用車の所有が増加しない.
成果 1. 都市内高速道路を整備する. 2. リアルタイム道路情報掲示板を整備する. 3. バス利用者が増加する. 4. 自転車利用者が増加する.	1. 2020 年までに市内中心部を迂回する都市内高速道路を 50 km 整備する. 2. 一般道路と高速道路の混雑状況を示したリアルタイム道路情報掲示板を市内に 30 か所整備する. 3. バスを利用する人の割合がプロジェクト開始時に比べ 20% 増加する. 4. 自転車を利用する人の割合がプロジェクト開始時に比べ 15% 増加する.	1. プロジェクトによる高速道路整備記録 2. プロジェクトによるリアルタイム情報掲示板整備記録 3-1. パーソントリップ調査データ 3-2. バス会社利用者データ 3-3. プロジェクトによるバス交通利用者調査記録 4-1. パーソントリップ調査データ 4-2. プロジェクトによる自転車利用者調査記録	・K 市の人口がプロジェクト期間中に 15% 以上増加しない.
活動 1-X. 高速道路整備に必要な主要な活動（詳細略） 2-X. リアルタイム道路情報掲示板整備に必要な主要な活動（詳細略） 3-1. BRT を導入する. 3-2. BRT 専用レーンを整備する. 4-1. 自転車利用キャンペーンを実施する. 4-2. 自転車専用レーンを整備する.	**投入** **人員** プロジェクトマネジャー　60 Man-Month プロジェクトコーディネーター　240 Man-Month 道路/掲示板/BRT レーン/自転車レーン整備技術者　2400 Man-Month 道路/掲示板/レーン整備労働者　15000 Man-Month BRT 車両・ルート選定技術者　300 Man-Month 自転車利用キャンペーン実施者　600 Man-Month	**資材** 道路建設資材 道路掲示板整備資材 BRT 専用バス車両 BRT・自転車専用レーン整備資材 **資金** 道路・掲示板・専用レーン整備費用　○○○億円 自転車利用キャンペーン実施費用　○○○○万円	・高速道路整備関連予算が確保される. **前提条件** ・K 市住民が高速道路新規整備に反対しない.

4 国際開発プロジェクトの事例

本章では，実際に行われた国際開発プロジェクトの事例を用いて，プロジェクトマネジメントの流れ，進め方，留意点について解説する．PMBOK などのプロジェクトマネジメントの手法が，実際のプロジェクト運営においてどのように適用されているのかを理解することを目的としている．

対象となる国際開発プロジェクトは，政府開発援助◀1などにより実施されている開発途上国に対するプロジェクトであり，これをマネジメントする立場で参加する開発コンサルタントの視点から整理する．まずは概説として，4.1 節では開発途上国の課題，国際開発コンサルタントとプロジェクトマネジメントの関係，プロジェクトマネジャー（PM）の要件などについて学ぶ．4.2 節では都市地域開発・道路交通分野の事例，4.3 節では環境社会配慮の観点から見た事例を紹介し，最後に 4.4 節でリスクへの対応策をまとめて本章を総括する．

◀ 1 ODA（Official Development Assistance）とも呼ばれ，先進国による開発途上国に対する無償援助（贈与）・技術協力・借款および国際開発機関への出資をいう．

4.1 国際開発プロジェクトの概要

4.1.1 開発途上国の開発に関する課題

アジアをはじめとする多くの関発途上国は近年目覚ましい経済発展を遂げているものの，食糧，生活用品などの生産性が低く，貧困問題が解消されていない地域も依然として多い．絶対的貧困と呼ばれる 1 日あたり 1 米ドル以下で生活する人は，2007 年現在でいまだ 11 億人が存在するといわれており，特にサブ・アフリカ地域（サハラ砂漠以南の地域）にその 4 割が集中している．このような開発から取り残された貧困層に対する支援は，地球規模で取り組むべき国際的な開発目標の一つとなっている◀1.

◀ 1 貧困削減，教育普及，環境改善などを目指して，2015 年の達成期限とその目標を定めたミレニアム開発目標（MDG）が 2000 年に設定された．

一方，世界のグローバル化・情報化の流れが加速し，アジアなどの新興国においては，経済発展を支える水資源，電力，交通（鉄道，道路，空港，港湾）などのインフラ需要が急速に高まっている．このように，現在の開発途上国の開発課題は従前の単なる人道的配慮に留まらず，より多様で複雑化しつつある．日本が開発途上国を支援する意義も，日本の安全保障やインフラビジネスの海外展開といった新成長戦略の観点も踏まえた，より包括的で多角的なものとなっている．

4.1.2　開発コンサルタント

コンサルタントとは，クライアント（依頼者）が抱える課題や問題を，彼らが中心となって解決できるようにアドバイスする存在である◀2．開発コンサルタントとは，主に開発途上国を対象として，常に地球環境に配慮し，安全な工法を用いて，投資費用の事業効果・便益を最大化する技術をいくつかの代替案を交えて顧客（公共事業であれば市民）に提供・提案する専門的職業とされている．開発に関わるステークホルダー（行政や住民組織など事業の関係者）の総括的な利益が最大になるような事業計画を立案し，関係者の知恵を最大限引き出すことを主な業務目的としている．つまり，開発コンサルタントとは業種・業態ではなく，開発途上国という対象地域により分類されたコンサルタントの総称と考えれば理解しやすい．

◀2　一般的にコンサルタントというと，経営，IT，戦略的コンサルタントを指す場合が多い．その他にも建設，不動産，教育など専門分野に関わる多様な業種が存在する．

国際連合や世界銀行などの国際機関，あるいは日本の外務省や国際協力機構（JICA）の職員は，いわば「開発行政官」的な立場から途上国援助に携わっている．その業務は，国別･地域別の視点から途上国援助を企画･立案するなど，開発プロジェクトの効果的な運営管理が主体であり，開発援助のプロデューサーという表現もできる．これに対し，高度な専門技術と経験を背景に，実際に現地でさまざまな調査や具体的な作業を実施し，中立的な立場から援助プランの実現化をはかる戦略・技

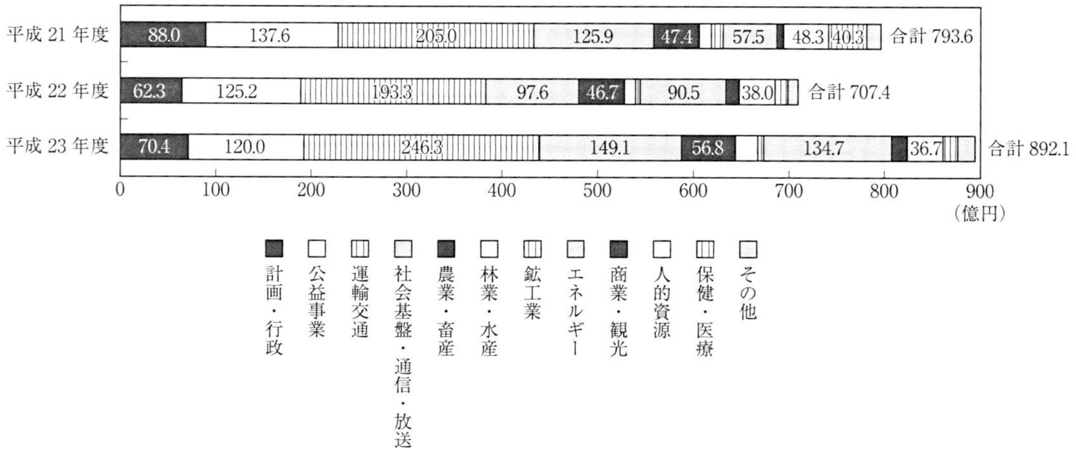

図 4.1　各セクターの受注割合

出典：平成 23 年度海外コンサルティング業務等受注実績調査報告，図 2．サブセクター毎の受注割合の経年推移，国際建設技術協会，2012 年 7 月，p.6 をもとに作成．

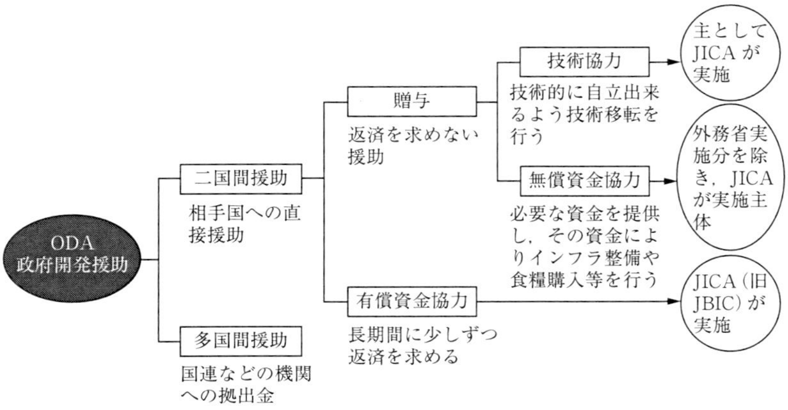

図 4.2　日本の ODA の構成
出典：2011 年版国際協力機構年次報告書，p.24 を参考に作成.

術面での現場プレーヤー，パートナーが開発コンサルタントである.

開発途上国の援助ニーズの多様化に伴い，開発コンサルタントの専門能力の裾野は広がっている．具体的な仕事の内容は，一国の開発計画の作成支援業務などから，橋梁や道路の整備，あるいは農村の小規模な給水施設の設置など実に多彩である．分野も計画・行政，公益事業，運輸交通，社会基盤・通信・放送から，商業・観光，保健･医療までがあり，開発のあらゆる側面，人間生活に関するすべての領域をカバーしている．各セクターの平成 21 年度（2009 年度）～23 年度（2011 年度）における受注割合は，図 4.1 のとおり公益事業，運輸交通をはじめとした理工学系の専門が主流となっており，開発コンサルタントの多くは技術エンジニアである.

日本の開発コンサルタントの受注源は日本の ODA が約 85% を占めており，その他は国際機関や開発途上国の政府機関，および民間企業となっている．図 4.2 は日本の ODA の構成であり，開発コンサルタントのサービスとなる事業対象範囲はすべての領域に及んでいる.

4.1.3　開発コンサルタントとプロジェクトマネジメント

それでは，開発コンサルタントはどのようにして国際開発プロジェクトを実施・運営するのであろうか．PMBOK 2000 年版では，建設プロジェクトの事例を用いて図 4.3 に示す開始から完了に至る一連の流れを，建設プロジェクトのライフサイクル◀3 として示している.

開発コンサルタントは，まず初期的段階であるステージⅠの期間において，情報収集や事業の実現可能性調査◀4 を行い，プロジェクトの妥当性や有効性を検証する．これにより，プロジェクトの実施が決定され

◀3　**ライフサイクル**：　プロジェクトの準備から実施，完了，稼働に至るまでの一連の期間を生き物の一生にたとえ，プロジェクトをステージと称するいくつかの期間に分割することにより，そのステージにおける必要な活動内容を示したものである．プロジェクトのスケジュール管理を有効に行うための時間的な概念である．このライフサイクルに示された内容は，工場，病院，学校，あるいは交通インフラなどを建設する際に共通する項目でもある.

◀4　フィージビリティスタディ（FS）とも呼ばれ，プロジェクトを技術面，経済面，財政面，社会面，環境面より評価し，プロジェクトの実施妥当性を総合的に調査する.

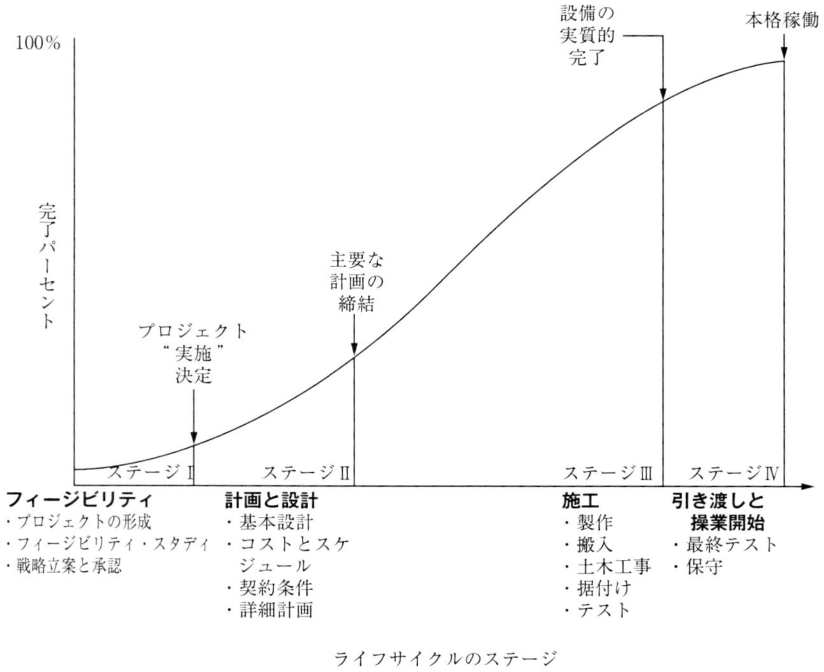

図 4.3　代表的な建設プロジェクトのライフサイクル
出典：Project Management Institute：「プロジェクトマネジメント知識体系ガイド（PMBOKガイド）2000 年版，2000（文献［2]），図 2-3 モリスによる代表的な建設プロジェクトのライフサイクル，p.15（本図は PMBOK 第 4 版には含まれていない）.

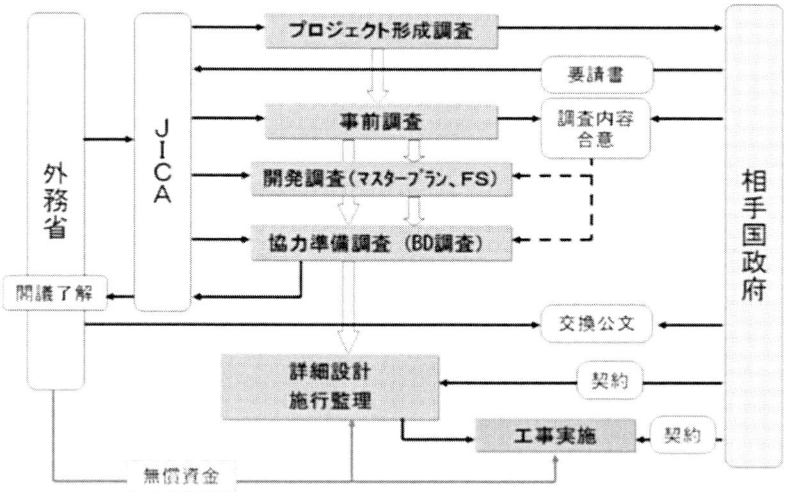

図 4.4　ODA 担当機関と関連調査・業務の構図
コーエイ総合研究所編；国際開発コンサルタントのプロジェクト・マネジメント，2003（文献［10]），p.125 図 7-1JICA 業務の入札手順，p.148 図 8-1 調査・計画業務の流れを参考に作成.

ると，続くステージⅡにおいて施設建設に関する詳細計画や基本設計が進められる．ステージⅢでは土木工事や施設の建設・据付けに関する施工管理の業務が行われ，最終的にステージⅣで施設の品質検査を行ったうえで施設を引き渡し，施設の稼働が始まることになる．

このうち開発コンサルタントは，プロジェクトの企画・立案を行った施主・発注者を事業可能性の評価や施設設計により技術面で支援し，施設を建設するゼネコンなど建設会社の施工を管理して適切な工事を実施する役割を担っている．プロジェクトの初期段階から終結に至る全ての期間において責任ある立場で関与することから，プロジェクトの成否を決定付ける重要な役割を果たす．

ODA のプロジェクト実施に関する担当者と主な調査・活動業務の関係を示したものが図 4.4 である．ODA は日本（窓口は外務省）に対する開発途上国の援助要請により始まり，事業実施の担当機関として JICA が相手国政府と意見交換，調整を進めながら事業化を図る．開発コンサルタントは主に JICA を技術的な面でサポートを行い，プロジェクトの実施運営に関する責任を持つプロジェクトマネジャー（PM）◀5 の立場でプロジェクトマネジメントを実施することになる．

◀5　プロジェクトを総括する代表者．後述する 4.1.5 項で役割を詳述する．

4.1.4　開発コンサルタントの役割

日本の ODA に携わる開発コンサルタントは，通常 JICA より業務を

表 4.1　調査団の構成例

団員の担当	プロジェクトにおける主な役割
総括／道路計画	PM であり，かつ道路計画の主担当．道路分野の担当に加えて調査団の代表として，他団員の成果をとりまとめ，相手国政府に説明するなどの役割を果たす．
地域開発計画	対象地域の経済開発に資するため，地域総合開発の観点から他分野との融合・調整を図り，道路計画へ反映させる．
交通調査／需要予測	現状の交通量調査や傾向を調査し，将来の交通量予測を行う．
経済財務分析	プロジェクトの事業化の検討に際し，費用便益分析などを通じ，経済効果について評価を実施する．
道路設計	対象道路の道路設計図書を作成する．
橋梁設計	対象道路上の橋梁設計図書を作成する．
道路付帯施設設計	対象道路に関連する付帯施設（側溝，排水施設など）の設計図書を作成する．
積算／自然条件調査	設計に必要な測量や地質調査を行うとともに，設計図書に基づく建設コスト計算などを行う．
環境社会配慮	自然・社会環境に配慮したプロジェクトとなるように現地政府が行う環境アセスメントの実施支援を行い，設計に反映させる．またステークホルダー協議などを通して住民とのコミュニケーションを図る．
越境交通事情／越境物流調査	プロジェクトが複数の国を通過する国際幹線道路である場合，国際物流の傾向やニーズを把握し，道路設計や道路交通計画に反映する．

受託し，現地政府と協力しながら目的を達成する．コンサルタントは通常複数の担当者からなる「調査団」というチームで業務を行う場合が多い．表4.1に，道路整備プロジェクトにおける調査団員の構成と役割の一例を示す．総括はPMとして総合的な知識が求められ，調査団の成果をとりまとめることがその役割となる．その他の団員は，それぞれの専門性を活かし，現地の実情に応じた事業提案を検討する．

4.1.5　開発コンサルタントのプロジェクトマネジャー（PM）

プロジェクト実行における意思決定は，通常多数決や合議制では行わない．プロジェクトの総責任者であるPMが選任され意思決定を行う．企業活動におけるPMは上位職から任命され，プロジェクトを実行するための組織を作る権限や，意思決定を行うために必要な指揮命令権や予算の執行権などの権限と同時に，プロジェクトを成功裡に完遂させる責務を負っている（文献［6］）．PMはプロジェクト実施の総括責任者であり，これらの権限と責任が与えられない場合はタイムリーな意思決定ができず，PMとは呼べない．よってPMは，経験やプロジェクトマネジメントの知識はもちろん，問題解決能力，洞察力，分析力，コミュニュケーション能力や交渉力，戦略志向性，バランス感覚，リーダーシップなど多面的な知識や能力・志向性が必要となる◀6．

また，PMは問題解決や業務方針設定のための重要な意思決定が常に求められており，この意思決定を含めてプロジェクトを組織的に実行していくためのリーダーシップを十分に発揮していく必要がある◀7．開発コンサルタントのPMに求められる主要な能力としては次のものがあげられる◀8．

- 専門知識と実践的技術
- 幅広い見識と多角的に物事を見る視点
- 創造的柔軟性，企画力
- 迅速・適切な判断能力と決断力
- 総合的発表（プレゼンテーション）力
- 管理能力，統合力
- 内部・外部の調整能力
- 参加団員のチームワークを高め，知恵を出し合う環境を作る能力

4.1.6　PMBOKから見た国際開発プロジェクトの主な業務内容

開発コンサルタントが参加する一般的な国際開発プロジェクトの主な業務を，第1章で紹介したPMBOKの5つのプロセス群と9つの知識エリアのマトリクス表に分類する（表4.2）．開発コンサルタントの業

◀6　PMの知識や能力は単に経験や勘にたよるだけではなく，専門図書を通じて体系的に理解し，さらに合理的なトレーニングや継続的学習により身に付けるべきものである．

◀7　一般にマネジメントとリーダーシップは別のものとされている．マネジメントとは人材の技術を管理しスムーズに進行させる環境を整備するものであり，リーダーシップとは実現のビジョンを示しその方向に向かってメンバーを鼓舞する，内的な影響を与えるものである．

◀8　文献［10］の96〜97頁を参考に加筆．

表 4.2 国際開発プロジェクトの主業務の PMBOK による分類

プロセス群 知識エリア	1. 立ち上げプロセス	2. 計画プロセス	3. 実行プロセス	4. 監視・コントロールプロセス	5. 終結プロセス
a. 統合マネジメント	・プロジェクト憲章作成（業務指示書，プロポーザルの作成）	・プロジェクトマネジメント計画書作成(MP, FS, BD, DD の作成)	・プロジェクトの指揮・マネジメント（施工計画（工程管理，品質管理，労働安全衛生管理を含む）の作成と管理）	・プロジェクト作業の監視・コントロール（施工計画の実施，品質管理） ・統合変更管理（設計変更，クレーム対応）	・プロジェクトやフェーズの終結（瑕疵検査，施設引き渡し，施設運営・維持管理計画の実施）
b. スコープマネジメント		・要求事項収集（関係者会議，住民説明会（SHM），社会調査，トリップ調査（HIS）） ・スコープ定義（業務実施計画書（インセプションレポート）の作成） ・WBS 定義（現況調査，問題・課題分析）		・スコーピング検証（業務完了報告書） ・スコープコントロール実施（竣工検査，維持管理・運営計画の作成）	
c. タイムマネジメント		・アクティビティの定義 ・アクテビティの順序設定 ・アクテビティの資源見積り ・アクティビティ所要期間見積り ・スケジュールの作成（以上は業務実施計画書）		・スケジュールコントロール（施工計画の実施）	
d. コストマネジメント		・コスト見積り（見積り聴取，事業費積算） ・予算設定（経済分析，財務分析，国家セクター予算・ドナー予算の調査，運営・維持管理費用算定）		・コストコントロール（施工計画の実施）	
e. 品質マネジメント		・品質計画（建設資材（セメント，骨材など）の品質調査，施設設計基準の設定・確認）	・品質保証（定期的な品質検査の実施と改善の指示）	・品質管理（月次報告書の作成，記録の保全）	
f. 人的資源マネジメント		・人的資源計画書作成（個別要員計画，キャパシティアセスメントの実施，能力開発計画（キャパシティビルディング）の策定）	・プロジェクトチーム編成 ・プロジェクト・チーム育成 ・プロジェクトチームのマネジメント （施工計画書の作成と実施，必要に応じた要員の交替・補充）		
g. コミュニケーションマネジメント	・ステークホルダー特定（政府，関連組織機関，住民等関係者の確認）	・コミュニュケーション計画（SHM，関係者会議（JCC）定期的事業報告会，プロジェクト部内会議）	・情報配布（広報） ・ステークホルダーの期待のマネジメント（SHM，JCC，プロジェクト部内会議）	・実績報告（業務完了報告書）	
h. リスクマネジメント		・リスクマネジメント計画 ・リスク特定 ・定性的リスク分析 ・定量的リスク分析 ・リスク対応計画（チェックリストなどを用いた事業のモニタリング評価活動）		・リスクの監視・コントロール（施工計画の実施）	
i. 調達マネジメント		・調達計画（資材等調達計画）	・調達実施（物品契約，在庫管理（資機材調達・保管））	・調達管理（在庫管理）	・調達終結（資材費支払・精算，機材保管）

出典：Project Management Institute：プロジェクトマネジメント知識体系ガイド（PMBOK ガイド）第 4 版，2008（文献［1］），p.43「表 3-1. プロジェクトマネジメント・プロセス群と知識エリアの分類」を参考に加筆．

注）①各プロセスにおける（括弧書き）：国際開発プロジェクトに関連する活動
②PMBOK を活用したマトリクスへの対照は必ずしも厳密に整合しているものではない．

務は，調査・設計に相当する「2. 計画」と施工管理に相当する「3. 実行」，および「4. 監視・コントロール」◀9，そして知識エリアにおける「a. 統合マネジメント」に関する活動が中心となっている．

このように，立ち上げから終結に至る一連のプロセス群を通じて，開発コンサルタントは様々な知識エリアから，プロジェクトが支障なく円滑に進捗するよう配慮する必要がある◀10．プロジェクトが多忙になると往々にして重要なプロセスを忘れたり，疎かになったりする．そのようなミスを失くし，トラブルを防止する手段として，見落としがちなプロセスの失敗防止のチェックリスト機能を果たすPMBOKは，プロジェクトを成功裏に実施する上で重要な手段（ツール）となる．

◀9 先述した建設プロジェクトサイクルのうちステージII～III.

◀10 知識エリアは各プロセス群を横断，かつ継続して実施すべきプロセスを明示したものであり，常にその前後関係や，他知識エリアとの関連性に留意しなければならない．

4.2 都市地域開発・道路交通分野の事例◀1

4.2.1 はじめに

ここでは，プロジェクトマネジメントの視点から，日本がアフガニスタンで行った復興支援の事例として，マザリシャリフ市復興支援調査（2004～2006年）を取り上げ，国際開発プロジェクトの流れや進め方，実施にあたっての留意事項について説明する．紛争影響国・災害被災国が復興するプロセスは，紛争・被災後の緊急援助による人道支援，破壊されたインフラの復旧，能力開発や制度構築をも含めた復興，そして更なる発展を目指した開発・発展段階へと進められる◀2．

◀1 本節は，文献［7］，［8］を抜粋してまとめたものである．

◀2 復興支援プロジェクトは，緊急の復旧活動が終了し，紛争・被災前より高い機能の施設・制度作りへ向けて整備が進められていく復興段階において行われる支援活動である．

4.2.2 復興支援調査（緊急開発調査）

復興支援調査は緊急開発調査とも呼ばれ，平和構築の観点から当該国の紛争終結後および自然災害による被災後の復興に貢献することを目的として行われる．特に事業展開までの迅速性，効果の早期発現を図るために，実証事業◀3という位置づけで，市街地道路や給水施設などの生活基盤インフラの部分復旧に取り組む．応急復旧の活動が主に国連平和維持軍◀4や国際緊急援助隊◀5などで行われるのに対し，復興支援調査は，JICAが開発コンサルタントなどを活用することにより進められる．

図4.5に示すように，災害や紛争後の市民の被災初期においては，医療支援・食糧・避難所などに関する「人道支援の需要」が高く，時間の経過とともに，被災前の生計復興・住居復興といった「開発需要」の活動が高まってくる．一般的に，この人道支援需要と開発需要とが入れ替わる時期に援助国は急に撤退する傾向が見られる．人道支援から開発に

◀3 事業の有効性を評価するために試験的に実施する手段であり，一般にパイロットプロジェクトと呼ばれる．

◀4 PKO（Peace Keeping Operation）とも呼ぶ．国連が受け入れ国の同意を得て，加盟国の提供する部隊・人員を現地に派遣する．

◀5 JDR（Japan Disaster Relief Team）とも呼ぶ．海外の地域，特に開発途上地域において大規模な災害が発生した場合に，日本が被災国政府または国際機関の要請に応じ，国際緊急援助活動を行うための組織．

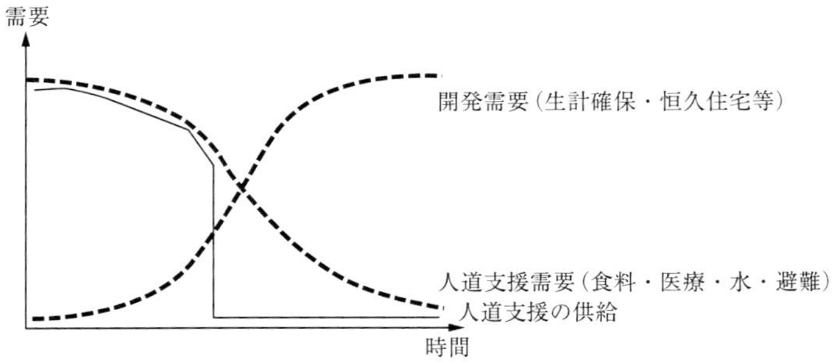

図 4.5　人道ニーズと開発需要
出典：国際協力機構（JICA）：緊急開発調査における実証事業の在り方に関わる研究フェーズ 2 報告書，2009，p.2-2，図 2-1-1-1 人道支援ニーズと開発援助.

繋がる継続的な支援を行うという観点からも，復興支援調査あるいは緊急開発調査は有用なスキームとされている.

JICA は緊急開発調査の意義として次の 3 つを挙げている.

①迅速な調査で人道支援から復興開発の過程を結びつける.

②相手国政府・建設従業者・受益者等のキャパシティデベロプメント◀6 などの活動を実施できる.

③緊急復興を支えるインフラ支援が可能である.

緊急開発調査は，基本的には通常の開発調査で行うマスタープラン（MP）作成と類似している◀7. 緊急開発調査では，紛争影響国や災害被災国を対象に，事業の緊急性，即効性を高めるために総合開発調査を策定するのみならず，調査期間内に地元の業者などを使って実証的に緊急性の高いパイロットプロジェクトを実施することもある.

◀ **6**　組織や個人に対して能力開発や組織整備を行うこと.

◀ **7**　MP とは，特定の都市や地域を対象に総合的な開発計画を策定したり，道路交通や工業，教育など特定の分野を対象に中長期的な開発ビジョン，および整備に向けた事業計画を示すものである．しかし，既存の関連計画，技術基準，設計の原単位となる基礎データが存在しない場合が多く，ゼロから情報収集を行うことも多い.

4.2.3　プロジェクトの背景と目的

アフガニスタンは，2001 年 12 月に長期にわたる紛争の終止符が打たれた．2004 年当時は暫定統治機構が発足した直後で，和平・復興のプロセスが進展しつつあった．日本政府も緊急人道支援の一環として教育，保健・医療，難民帰還・再定住，地雷除去，女性の社会参加の促進といった支援分野に資金援助を行うことを表明し，2002 年 4 月以降，JICA は首都カブールおよびカンダハールにおいて緊急復興支援調査◀8 を実施してきた.

アフガニスタンの北部，バルフ州◀9 の州都であるマザリシャリフ市◀10（図 4.6）は，バルフ州のほぼ中央に位置し，ウズベキスタン国境へも近い（約 50 km）ことから，北部地域の拠点都市の一つとなっている．他の都市と同様に国内紛争期間中，道路，給水などの都市インフラが適切に維持管理されていなかったことから，全般的に老朽化および損

◀ **8**　Urgent Rehabilitation Support Programme：URSP.

◀ **9**　面積約 1 万 7000 km^2，人口約 160 万人.

◀ **10**　面積約 40 km^2，推定人口約 20～30 万人.

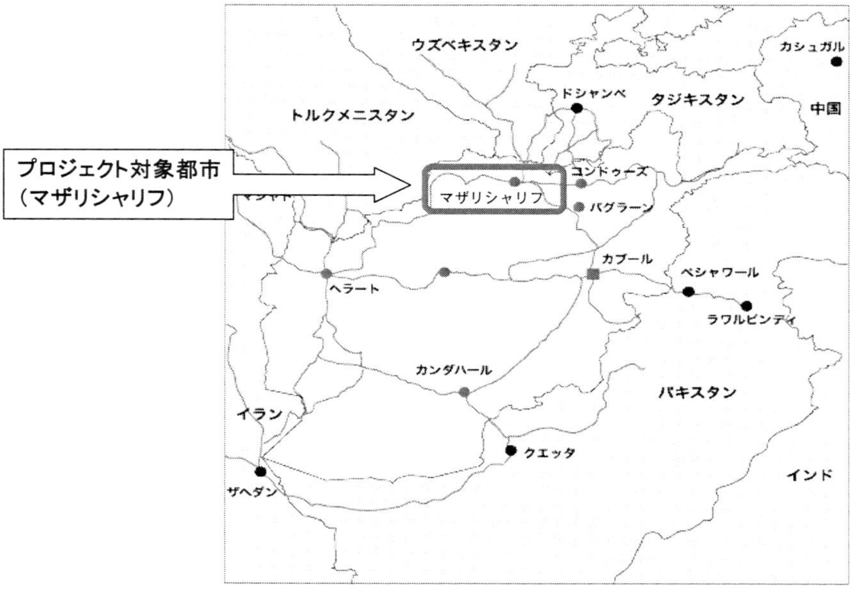

図 4.6 アフガニスタン全国地図

傷が著しかった．また，医療施設，教育施設についても住民に適切なサービスが提供できていなかったため，早急なインフラ機能の回復が必要な状況にあった．このような背景から，2004 年にマザリシャリフ市を対象として緊急復興支援調査を実施することがアフガニスタン側と日本側の間で確認された．

本プロジェクトの目的は，アフガニスタン国北部地域における社会経済面の復興および発展を支援することにあり，具体的にはマザリシャリフ市において市内道路整備と学校教育改善のため，「短期復興プログラム（2005〜2009 年）」の策定と「復興リハビリ事業（パイロットプロジェクト）」を実施するものである．通常の都市開発の場合は，都市の開発効果を高め，適切な土地利用（ゾーニング）を実現するために，土地利用に関する中長期的な規制と誘導施策を盛り込んだ都市開発マスタープランを策定する．しかし，復興支援調査の場合は，迅速に復興に向けた道筋を描く必要があるため，緊急性の高い分野に絞り込んで事業計画の策定を行う．本事例においては，道路交通と教育分野の事業化支援を行った．

PMBOK で本項に関連するプロセスは，立ち上げプロセス群の「プロジェクト憲章作成」と「ステークホルダー特定」である．国際開発プロジェクトの場合，国や援助機関などの施主・発注者◀11 が発行する「コンサルタント承認書」がプロジェクト憲章に相当する．また，プロ

◀ **11** たとえば事業実施の監督官庁，世界銀行，アジア開発銀行などの事業融資機関．

ジェクトの恩恵を受ける人，影響を受ける人として，沿道の住民・商店，道路利用者，通行する買い物客，露天商がステークホルダーに含まれる．

4.2.4　調査団の構成

本調査は，開発コンサルタント会社として(株)パシフィックコンサルタントインターナショナル（PCI），日本工営(株)の2社による協同企業体がJICAより業務を受託して調査が進められた．調査団員の構成は17名◀12である．

PMBOKで本項に関連するプロセスは，「人的資源計画書作成」である．第1章で記述したとおり，プロジェクトは複数のメンバーによって実施される．国際開発プロジェクトにおいても，プロジェクトが目指す達成目標や事業規模から必要とされる専門性や配置すべき人員が決定される．

4.2.5　調査の作業項目

調査は次に述べる4つの作業項目により進められた．

まず，初めての作業として現状調査を実施した◀13．作業内容は，調査を開始するにあたり対象となる都市，分野（道路，教育）の実態と改善すべき課題を確認するため，マザリシャリフ市内の現状把握および分析◀14を実施した．さらに事業実施に必要となる調達事情調査◀15を行うとともに，他援助機関／国と効率的な連携を図るため，国連各機関他の援助動向調査も行った．

2つ目の作業は，短期復興プログラムの策定である◀16．作業内容は，まず市内交通および初中等教育分野改善のための優先課題を整理したうえで，事業の骨格となる基本方針を策定した．これにより，両分野に関する5年を目標達成年とした短期復興プログラムを定め，複数の事業から最も緊急性の高い事業について復興リハビリ事業候補案件を選定した．

3つ目の作業は，復興リハビリ事業の計画である◀17．作業内容は，選定されたリハビリ事業に関する基礎情報収集◀18の実施，およびその施設の設計・施工計画と積算である．

最後の作業は，復興リハビリ事業として企画立案された案件の事業実施である◀19．作業内容は，計画に基づいた現地再委託契約（公示，入札，評価，契約）の実施および工事の施工監理である．

◀12　①総括（PMに相当），②副総括／道路計画，③交通管理計画，④社会環境／住民意識調査，⑤道路計画／設計，⑥道路計画／積算，⑦都市インフラ計画（ガス配管移設処理など），⑧施工計画／施工監理（道路施設1），⑨施工計画／施工監理（道路施設2），⑩副総括／教育施設計画，⑪学校運営計画，⑫教育施設計画／設計，⑬教育施設計画／積算，⑭機材調達計画，⑮施工計画／施工監理（教育施設1），⑯施工計画／施工監理（教育施設2）契約管理，⑰業務調整．

◀13　実施期間は2004年6月～7月までの2か月程度．

◀14　市内交通・道路施設の現況，教育分野全般および学校運営状況，学校施設の状況，関連インフラ，社会経済活動，自然条件など．

◀15　たとえば，業務を発注する先のローカルコンサルタント，コントラクター，および労務者の技術・技能レベルなどに関する情報分析．

◀16　実施期間は現状調査が完了した2004年7月～2004年12月までの6か月程度．

◀17　実施期間は2004年10月～2004年12月までの3か月程度．

◀18　既存施設の詳細現状調査，現地設計基準など．

◀19　復興リハビリ事業の計画策定後の2005年1月～2006年3月までの15か月間．

表 4.3　アスファルト舗装道路路面状況

路面状況	延長
舗装面の破損がなく，路面の平坦性が保たれ良好.	6.1 km
舗装面の破損が少なく，ほぼ路面の平坦性があり，比較的良好.	12.4 km
部分的にひび割れ，舗装面剝離，不陸が見られる.	1.7 km
路面のひび割れ，ポットホールが発達している.	11.0 km
路面全体がひび割れ，ポットホールで舗装は破壊された状況.	16.7 km
合計	48.0 km

プロジェクト対象道路

排水の悪い道路

馬車・ロバも主要な輸送機関

図 4.7

4.2.6　市内道路の状況

マザリシャリフ市内の既存道路は，①国内の主要地方都市を結ぶ国道の Transit Road，②市内主要幹線道路である City Road，③市内 2 次幹線道路である Main Project Road，④街路等の Project Road の 4 種で構成され，①は公共事業省，その他は市が維持管理を担当している．次に当時の市内道路の概況について述べる．

(1)　市内の舗装道路

市内のアスファルト舗装道路総延長は 48 km 程度で，大半が 1980 年代前半，当時駐留していたソ連軍により施工された．その後の国内混乱期に適切な維持管理が行われなかったため，2004 年時は既存アスファルト舗装道路全延長の 6 割程度が重度の破損状態を呈していた（図 4.7）．調査団による路面状況調査結果は表 4.3 のとおりであった．

(2)　道路側溝による排水システム

市内道路に沿って設置されている側溝による排水システムは不完全な状況にあった．側溝未設置区間が未だ残る既設側溝から流末への排水が不能であり，側溝勾配が不適切なため排水流下能力を阻害している箇所が存在していた．そのため，道路側溝による排水システムを完備することが必要であった．道路側溝システムを整備することにより，洪水時も速やかな排水が期待されるため，整備の速やかな実施が望まれていた．

(3)　車道上の不法占拠

市内道路の多くで路上駐車中の車両，路肩部での露天営業，あるいは不法投棄の古い車の残骸，廃棄物が見られた．これら路上の不法占拠は，円滑な交通流を確保するうえで阻害要因となり，交通容量を減少させ，交通の安全性を損ない，そして交通渋滞の主要因となっていた．

(4)　市内主要幹線道路での交通量

現在交通量の確認のために，市内主要幹線道路上 6 か所において交通量調査および OD（起終点）調査を行った．交通量調査によれば 13 時間観測で 10,000～16,000 台の交通量があり，また OD 調査によれば交通量の大半は市中心部と市外との交通であった．

PMBOK で本項に関連するプロセスは，「要求事項収集」と「スコープ定義」である．プロジェクトの実施には，初期段階において，対象となる地域と関連するステークホルダーのニーズや課題を的確に理解し，それを報告書あるいは成果品という形態で記述することが重要である．これをステークホルダー分析と呼び，関係者へのヒアリング，アンケートによるサンプル入手と収集した属性などの資料を基にした統計分析を行う．本プロジェクトでもこれらを整理し，Inception Report（事業開始時調査報告書）を取りまとめた．

4.2.7　短期復興プログラムの作成

短期復興プログラムは，2005 年から 2009 年までの 5 年間を想定したマザリシャリフ市の道路整備と学校教育改善のための具体的施策を提案するものである．短期復興プログラムの道路分野の最終目標・改善対象と，教育分野の最終目標・目的をそれぞれ定めた．

①**道路分野：**

最終目標

- 地域経済活動の活性化
- 住環境の改善

改善対象

- 損壊を受けている既設舗装道路のリハビリテーション
- 未舗装道路の舗装化
- 主要交差点での交通渋滞解消
- 本来具備されている道路有効幅の確保
- 雨期（冬季）における道路・歩道のぬかるみ状況の解消
- 交通の安全性向上
- 乾期（夏季）に顕著な，砂塵を主要因とする大気汚染の解消
- 公共の場での植栽の拡充
- 例年発生する洪水への防御対策整備

②**教育分野：**

最終目標

- 初等教育の完全普及
- すべての児童・生徒への，質の高い初中等教育の提供
- 持続可能な学校運営の達成

目的

- 学齢児の就学促進（＝量的拡大）と児童・生徒の学習への興味を持続させるための，学校施設
- 教育活動の質向上のための，教師の教授能力の強化

- 学校の運営能力の強化
- バルフ州教育局の行政能力の強化

PMBOKの計画プロセス群のうち，最も重要であり，かつ他のプロセス（補助計画書）を統合する役割を果たしているのが，「プロジェクトマネジメント計画書作成」のプロセスである◀20．国際開発プロジェクトにおいても計画策定は非常に重要である．本プロジェクトでは，上記の通り，5年間の短期復興プログラムという形で緊急のニーズを計画として取りまとめた．

また，計画プロセス群のうち，本項に関連する別の重要なプロセスとして，「コミュニケーション計画」◀21がある．プロジェクトマネジャー業務に占めるコミュニケーション計画の割合は，実に8割にも及ぶといわれている．本プロジェクトでは，アフガニスタン政府，マザリシャリフ市，JICA，調査団，地域住民間でコミュニュケーションを図る必要があった．特に地域住民の幅広い合意・理解を得ることがプロジェクト成功の秘訣である．

4.2.8　復興リハビリ事業の概要

調査団は，アフガニスタン国側カウンターパートとの協議および詳細な現地調査を経て，道路2路線と学校7校を復興リハビリ事業サイトとして選定し，同事業の設計（建設・調達計画と事業費積算を含む）と入札図書の準備を2004年12月までに終了した．引き続き，2005年1月にローカル入札にて施工業者を選定し，JICAの承認を経て，調査団による施工監理のもと2005年2月に工事が開始された．工事は大きな問題も遅れもなく順調に進み，2005年12月には道路，2006年3月には学校の工事が完了した．

このように，本プロジェクトでは，短期復興プログラムを踏まえ，特に緊急性の高い事業の具体化を図るために復興リハビリ事業の計画を策定した．通常の国際開発プロジェクトにおいては，この復興リハビリ事業の調査に相当するものとしてFS（フィージビリティスタディ）が行われる◀22．

FSもPMBOKのプロセスから見るとプロジェクトマネジメント計画書作成のプロセスの一環として位置付けられる．マスタープラン調査がプロジェクトの上位計画を策定するのに対し，FSはそれを踏まえた詳細なプロジェクトの事業化および投資判断調査と言えよう◀23．

4.2.9　復興リハビリ事業（道路分野）実施

(1)　復興リハビリ事業対象道路の選定

調査団は，短期復興プログラムで提案した既存道路改修事業で，4つ

◀20　プロジェクトマネジメント計画書の主な用途は，計画時の前提条件と決定事項を文書化することであり，これによりステークホルダー間のコミュニケーションを図ること，承認済みのスコープ，コスト，スケジュールの各ベースラインを示すことを意図している．精度は概要レベルの場合もあれば，詳細レベルの場合もある．

◀21　誰が，いつ，どのような情報を必要とするか，そして，その情報をどのような方法で提供するかといった，ステークホルダーの情報とコミュニケーションに関するニーズを特定するプロセス．

◀22　4.1.3項の注参照．道路建設の場合，いくつかの計画案（代替案）について1/5000～1/10000レベルの概略設計を実施し，それぞれの案について優劣を評価する．たとえば技術面では，プロジェクトが与えられた自然条件下において，最適，かつ安全な技術内容を評価・提案する．最近では，施設の整備に伴う地域活性化や施設の活用方法についてのソフト的な開発計画の提案事項も求められる．

◀23　国際開発プロジェクトにおいて，施設を建設するにはFSに加えて基本設計（B/D：Basic Design）や詳細設計（D/D：Detailed Design）を行う．B/Dは，工事目的物の構造や概略の寸法を示す概略の設計，および実現可能性を判断するために必要な概略工事費の算定に行う設計である．D/Dは，さらに詳細に工事計画・工事費積算を含む設計書類の作成を行い，工事の入札に必要な図書（Tender Document）の作成および事業実施に向けてのImplementation Program（I/P）を作成する．

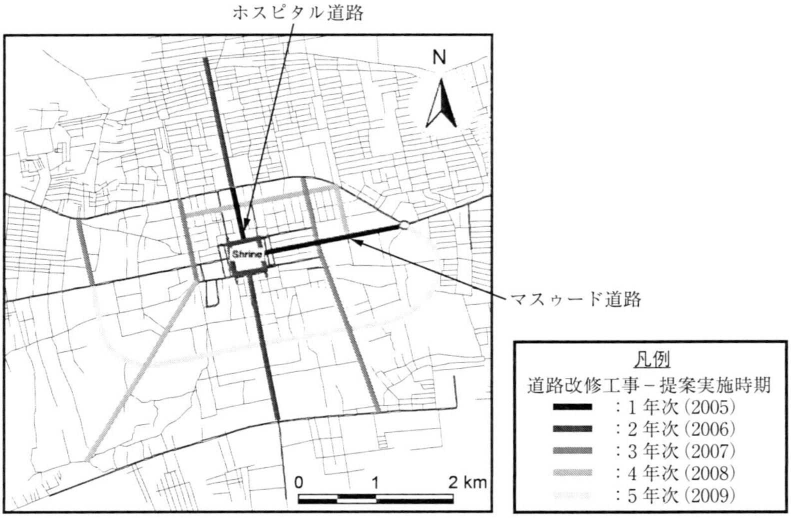

図 4.8　短期復興プログラムの改修候補道路

の評価基準◀24 により改修候補道路を選定した．また，市役所，公共バス会社，ステークホルダー･ミーティングを通じた住民からの意見を参考に，図 4.8 に示す短期復興プログラムの改修候補道路を提案した．

短期復興プログラムにおいて，初年度（2005 年）に改修工事を実施することを提案したのはマスゥード道路とホスピタル道路である．この 2 つの道路は，市内で最も重要な道路であるにもかかわらず，長年の紛争のため，維持管理作業が行われていなかった．そのため，同道路の舗装には深刻な破損が生じている．調査団は，このマスゥード道路とホスピタル道路の改修工事を本復興リハビリ事業として 2005 年に実施した．

(2)　設計方針

市役所との協議および現地調査を通じ，調査団は復興リハビリ事業の設計方針を設定した◀25．

(3)　設計概要

本復興リハビリ事業では前提条件◀26 を踏まえて設計を行った．

(4)　標準幅員構成

標準幅員構成を決めた．標準横断図を図 4.9 に示す．

マスゥード道路

- 車線数　　：片側 3 車線の 6 車線道路
- 車線幅　　：3.50 m
- 路肩幅　　：2.10 m（既設側溝の位置に合わせて調整）
- 中央帯幅　：10.30 m（中央帯歩道，3.75 m×2，を含む）
- 側帯幅　　：0.25 m

◀ 24
- 道路の重要性：道路規格，交通量
- 改修のインパクト：現況舗装破損状況，渋滞緩和効果
- 改修の貢献度：市中心部へのアクセス改善度，公共バス路線との一致
- 整合性：土地利用との整合性，市役所からの提案との整合性

◀ 25
- 日本の援助による道路改修事業として適切な設計基準であること．
- 交通事故を減少させ，また，歩行者の安全性を改善すること．
- 将来交通量に対してスムーズな交通を確保できること．

◀ 26
- 沿道の民家，建物，樹木の撤去は可能な限り行わない．
- UNHABITAT（国連人間居住計画）による既施工の側溝と中央分離帯の撤去は可能な限り行わない．
- 舗装工，側溝工，その他関連工の改修対象範囲は，既設道路幅の内側を対象とする．
- 舗装設計は将来交通量を考慮に入れた設計とする．
- 既設道路の平面線形と縦断線形を可能な限り維持する．

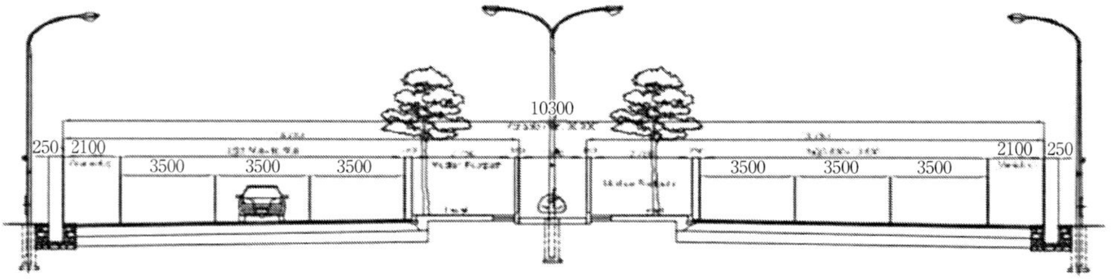

図 4.9　マスゥード道路標準横断図

(5)　交通安全施設

交通安全の改善のため，交通安全施設◀27 を導入した．

◀ 27
- 道路標識
- 道路照明
- 横断歩道

(6)　公共施設移設

電力線，水道管，電話線，ガス管等の公共施設が対象道路に埋設されているため，改修工事の際にこれら公共施設の移設が必要となる．調査団は管理機関◀28 との協議を通じて調査を行った．

◀ 28
- 電線管：バルフ州電力供給局
- 水道管：上水供給/水路局
- 電話線：電話局
- ガス管：アフガン·ガス·マザリシャリフ支局

(7)　施工業者の調達

本改修工事を実施するため，施工業者を入札により調達した．

(8)　復興リハビリ事業の内容

本復興リハビリ事業は，延長 1.8 km のマスゥード道路と 0.7 km のホスピタル道路を改修するもので，改修後はそれぞれ片側 3 車線の 6 車線道路，片側 2 車線の 4 車線道路となる．

(9)　復興リハビリ事業のスケジュール

本改修工事は北野建設(株)により 2005 年 2 月 9 日に始まり 2005 年 12 月 25 日に完了した（図 4.10）◀29．

◀ 29
- 契約日：2005 年 2 月 2 日
- 着工日：2005 年 2 月 9 日
- 完工日（予定）：2005 年 11 月 5 日
- 完工日（実績）：2005 年 12 月 25 日
- 引渡し検査：2005 年 12 月 28 日
- 竣工式：2006 年 1 月 19 日
- 工期（予定）：270 日
- 工期（実績）：320 日

施工風景（舗装工）　　多くの住民が工事に参加

図 4.10

2005 年 12 月 25 日の完工を受けて，2005 年 12 月 28 日に引渡し検査を市役所，調査団，施工業者の立会いのもとで行い，2006 年 1 月 19 日に竣工式が行われた（図 4.11）．竣工式はバルフ州知事，マザリシャリフ市長，日本大使館代表，JICA アフガニスタン事務所代表の参加のもとに開催された．

完成した道路

両国関係者による竣工式

図 4. 11

(10)　品質管理

工事期間中，品質管理のために必要な品質検査の確認を行った．調査団は，仕様書に指示された試験方法により施工業者が行う材料の室内試験と工事の現場試験の監理を行った．

(11)　調査団の工事期間中の主な業務内容

調査団は工事期間中に数々の業務◀30 を行った．

(12)　道路維持管理計画

道路は地域の経済にとって最も重要なインフラの一つであり，道路状態は地域の経済に影響を与える．道路の価値は多くの要素を含むために評価することは難しい．しかし，洪水時やその他緊急時の道路の不便性による影響は容易に予測がつく．また，道路利用者は，道路が建設，改修されることにより，さらに良い道路を望む．そのため，道路の維持管理は十分に効果的に，かつ経済的な方法で行われる必要がある．

本事業により改修された道路（図 4.12）をマザリシャリフ市が引き継いだ後，道路の状態を良好に保つために，マザリシャリフ市役所が道路維持管理計画◀31 に関連する業務を管轄することとなった．

PMBOK で本項に関連するのは実行プロセス群である．国際開発プ

◀ 30
- 施工業者の施工計画のレビュー
- 日常の工事監理および検査
- 品質管理の監督
- 定例会議と現場検査
- 工事日程の確認と承認
- 出来高検査
- 支払い管理
- 道路維持管理

◀ 31
- 道路検査：　日常検査，定期検査，特殊検査．
- 道路維持管理作業：　舗装面の補修，路面表示の補修，側溝の清掃および補修，道路標識の補修および取替え．
- 道路維持管理記録：　道路台帳の整備の提案．道路維持管理活動を詳細にかつ継続的に記録，更新した道路台帳は，道路維持管理計画を行う上で必須な要素である．

図 4. 12　整備されたメインストリート

ロジェクトにおける開発コンサルタントの重要な役割の一つは，施工業者の工事進捗を適切に管理する施工監理（SV：Supervision）である◀32．SVの作業内容は，監視・コントロールプロセス群のプロセスとも重複していることに留意する必要がある◀33．

4.2.10　プロジェクトの評価・教訓

調査団は復興リハビリ事業が完了した2006年2月に，事業関連者と対象道路の地域住民に対するインタビュー，月例工事報告書のレビュー，および現地踏査などにより，総合評価調査を実施した．プロジェクト評価の方法は国際開発学会をはじめ関連学会などでも議論されているものの，定まった評価方法はなく，特に定量的な方法はデータ不足などを要因として困難な場合が多い．プロジェクト完了後に，統計分析で必要なサンプルを十分収集するのは難しいことから，プロジェクト開始時点で現況データの収集（ベースラインサーベイ）および将来必要となる指標の設定（サーベイデザイン）を綿密に行っておくことが必要である◀34．

(1)　短期復興プログラムの最終目標と改善対象の評価結果◀35

①**妥当性：**　事業開始当初に設定したプログラムの開発基本方針および最終目標について，2006年2月時点で変更は生じていなかった．また，事業完了に伴う，幹線道路のリハビリテーションに関する優先度にも変更は生じていない．

②**有効性：**　対象道路2.5kmの道路舗装状態が改善されるとともに，歩行者の多い主要交差点，沿道学校施設前，ホスピタル道路に面する病院前に道路照明が設置された．道路照明設置により夜間の視認性が高まり，車対歩行者，車対車の交通事故が確実に減少することが期待される．

③**効率性：**　マザリシャリフ市と調査団双方の事業参画は，本事業を遂行する上で適切であったと評価できる．また，施工期間中は特に問題は発生せず，指定された工期内で工事はほぼ完了し，問題となるような遅延は発生しなかった．

④**インパクト：**　市内の道路交通網が円滑化された．車両交通によって排出される砂塵が減少した．交通事故が減少した．施工工事により労働機会を提供した．

⑤**自立発展性：**　事業完了後，マザリシャリフ市は自主的に道路や側溝の清掃などの定期的な維持管理業務を開始している◀36．

(2)　プログラム目標達成の課題と成果

本事業の実施により，プログラムの最終目標を達成するために設定し

◀32　施工監理（SV）では通常次の作業を行う．
①入札，②入札評価，業者選定，③施行監理（品質管理，工程管理，出来高管理），④検査業務（進捗チェック，品質検査，出来高検査），⑤中間払いのための書類作成，⑥設計変更のための書類作成，⑦クレーム処理，⑧相手国政府への報告，調整，⑨瑕疵検査，⑩整備された施設を有効活用するための啓発活動，トレーニング（Soft Component）の実施（必要に応じて）．

◀33　たとえば，スケジュールコントロール，品質管理，実績報告，リスクの監視・コントロールのプロセスなど．

◀34　PMBOKでは，事業評価の業務はプロジェクトやフェーズの終結プロセスと位置付けられており，必要な手順について整理されているものの，評価ツールや技法については詳しく触れられていない．国際開発プロジェクトでは第3章で紹介したPCM手法を用いることがある．

◀35　DACの評価5項目による評価結果を示す．DACの評価5項目については3.2節（81ページ）を参照．

◀36　マザリシャリフ市は，能力向上のため，道路，排水施設などの分野での更なるトレーニングと技術サポートを必要としており，これら関係者に対する能力開発支援が望まれる．

コラム

プロジェクトのその後　受け継がれる技術と心

2012年現在のアフガニスタンは治安が悪化しており，残念ながら開発コンサルタントも腰を落ち着けてプロジェクトに専念できる状態にない．いつの日か，アフガニスタンを舞台に彼らと日本をはじめとする援助国・実施機関が協力し合って開発プロジェクトを実現できる時期の再来を期待し，紛争影響国の初期段階における復興支援プロジェクトのマネジメント事例として本事例を紹介した．

それでは，アフガニスタンなど治安が悪いところに対する援助・支援はまったく無駄であろうか．筆者は決してそう思わない．アフガニスタンに関係した多くの人達が，厳しくとも豊かな自然と祖国を心から愛する現地の人々に魅せられているように，筆者もこのプロジェクトを通じて，国造りに貢献する彼らの力強い意志を感じた．

忘れられない一つの出来事がある．筆者がマザリシャリフ市の水資源・農業灌漑事業関連の調査を行っていたときのことである．市の水資源管理の担当者が「この報告書は，マザリシャリフ市を含むバルフ州における唯一信頼しうる水資源・灌漑配水計画である」と言って大切に使い込まれた一冊の技術報告書を私に見せてくれた．青焼きの報告書は，当時のコンサルタントが苦労して収集・整理したであろう水文データ集と丹念な図面に描かれた手書きの配水管網が示されていた．1972年に行われたこの調査の名称は「Balk Irrigation Project（バルフ灌漑調査)」，表紙を見ると調査会社名は「Japan Engineering Consultant Co.,ltd.（JEC)」と記されている．なんと調査したのは筆者の元所属会社（エイト日本技術開発，当時は日本技術開発）であった．帰国後当時を知る会社の人に尋ね，それは当社がアジア開発銀行から受託した調査の一つであることを教えられた．

不幸にしてアフガニスタンは，その後ソ連侵攻やタリバン支配などに翻弄される．しかし激動の時代を経て，30年以上にわたり関係者に引き継がれ，今なお重宝されている技術報告書が存在することは実に驚くべきことである．もちろん，技術報告書自体が優れたものであったことは想定されるが，筆者はそこにアフガニスタンの人々のインフラ整備に賭ける執念を感じた．現地の人達が必ずや実現したいという想いや理念のこもった計画であるのならば，そこに示される技術や夢の実現化は必ずや後世へと受け継がれると信じたい．

筆者が参加したこの調査計画からも，その後2つの道路整備案件が日本の無償資金協力を得て事業化されている（図4.13)．今最も必要とされているところに最も適切なインフラ施設を提案し，ともに汗を流しながら実現化していくこと．それは開発コンサルタントとしてのロマンであり，使命でもある．

改修前の市内道路

改修後の同じ場所の道路

図 4.13　アフガニスタン・マサリシャリフ市の道路整備改修前後

た課題のうち，6 項目◀37 について顕著な成果が確認された．

本プロジェクトは成功裏にプロジェクトを完了できた．プロジェクトで得た課題・教訓について十分に要因分析を行い，必要に応じて，プロジェクトで得た知見を活かした新たな課題を解決するプロジェクトが企画・形成されることになる．

◀37
- 道路・歩道のぬかるみ状況の解消
- 交通の安全性向上
- 損壊を受けている既設舗装道路のリハビリテーション
- 主要交差点での交通渋滞解消
- 未舗装道路の舗装化
- 本来具備されている道路有効幅の確保

4.2.11 ま と め

都市地域開発・道路交通分野の整備目標は，それぞれ単独の事業のみで達成することは困難である．よって，短期復興プログラムにおける事業の継続的，一体的な実施が期待される．本事業で得た経験を踏まえ，マザリシャリフ市は新たな道路担当部門を設置し，道路改善の促進を図る方針を示したうえ，自主的に技術・管理能力の向上に関する各種事業の実施に着手している．その観点からも，短期復興プログラムは，マザリシャリフ市の道路分野の改善に大きな影響を与えた．

ODA のような国際開発プロジェクトでは，先方政府が望むすべての要望に応えることは時間的，規模的に不可能である．そこで行われるプロジェクトを一つの契機として組織の機能や財源制度を充実させたり，他援助機関からの別途支援を引き出したりする，いわゆる呼び水効果としての観点も重要となる．

4.3 環境社会配慮の事例

4.3.1 環境社会配慮とは

環境問題が叫ばれて久しい．「環境」とは，国語辞典によれば「ある物（者）を取り巻く周囲の事物や状態」であり，ある物（者）を主体とすれば，その周りのものはすべて環境構成要素の一つとなる．一方，「社会」とは，主に「人間の結合・関係，生活の共同」である．

インフラ開発において，「環境」と「社会」への影響を可能な限り回避，低減，代償することを，JICA のガイドラインでは「環境社会配慮」(Environmental and Social Consideration）と称し，下記のように定義している◀1．

◀1　JICA のみならず，多くの国や援助機関で環境に関するガイドラインを有しており，その呼称や定義に若干のばらつきがある．本節では，JICA の環境社会配慮ガイドラインの定義に沿って記述する．

環境社会配慮とは：
大気，水，土壌への影響，生態系および生物相等の自然への影響，非自発的住民移転，先住民族等の人権の尊重その他の社会への影響を配慮すること

一般に環境社会配慮が取り扱う項目は，「社会環境」と「自然環境」に分類され，表4.4で示した項目に関する影響が検討される◀2.

◀2　近年，特に慎重な配慮が必要な項目として，住民移転，生物・生態系，大気・水質などの公害問題が挙げられる.

表4.4　環境社会配慮の主な対象項目

分類	主な項目
社会環境	非自発的住民移転，雇用や生計手段等の地域経済，土地利用や地域資源利用，社会関係資本や地域の意思決定機関等の社会組織，既存の社会インフラや社会サービス，貧困層･先住民族･少数民族，被害と便益の偏在，地域内の利害対立，ジェンダー
自然環境	大気汚染，水質汚濁，土壌汚染，景観，廃棄物，騒音･振動，地盤沈下，悪臭，地形・地質，土壌流亡，底質，生物･生態系，水利用，事故，地球温暖化

出典：国際協力機構（JICA）：環境社会配慮ガイドライン，2010（文献［12］）.

4.3.2　環境社会配慮の目的

なぜ環境社会配慮が必要なのだろうか？　ここでは，環境社会配慮の一項目となっている生物・生態系を事例として説明する.

「自然を守ること」は科学と道徳上必要なこととして一般認識されているが，最も重要な役割は，人の生活に不可欠な機能を維持することであり，そのために「様々な種類の動植物を保存する（種の多様性の保全）」ことが必要である．図4.14に，一般的に知られる自然を守る本来の目的を示す.

一方，ガイドラインには，各項目への配慮の目的や意義について詳細に述べられてはいない．ガイドライン作成の目的◀3は，あくまでも被援助国の環境社会配慮が不十分な場合に，それを補完することである．したがって，被援助国がその国の法令などに基づき実施している環境アセスメントがJICAのガイドラインの水準以下の場合に，これを提示することにより，一定水準以上の質の確保を行う．これらの水準を確保するため，援助国や援助組織が提供する環境ガイドラインに従うことが，

◀3　JICAが行う環境社会配慮の責務と手続き，相手国政府に求める要件を示すことにより，相手国政府に対し，適切な環境社会配慮の実施を促すとともに，JICAが行う環境社会配慮支援・確認の適切な実施を確保すること.

維持的サービス	生態系の内すべての基盤となる，水や栄養の循環，土壌の形成・保持など，人間を含むすべての生物種が存在するための環境を形成・維持するもの
調節的サービス	汚染や気候変動，害虫の急激な発生などの変化を緩和し，災害の被害を小さくするなど，人間社会に対する影響を緩和する効果
供給的サービス	食料や繊維，木材，医薬品など，私たち人間が衣食住のために生態系から得ている様々な恵み
文化的サービス	生態系がもたらす，文化や精神の面での生活の豊かさ（レクリエーションの機会の提供，美的な楽しみや精神的な充足）

図4.14　「種の多様性の保全」の必要性

出典：ミレニアム生態系評価（MA：Millennium Ecosystem Assessment）
COP10支援実行委員会　http://cop10.jp/aichi-nagoya/biodiversity/index.html

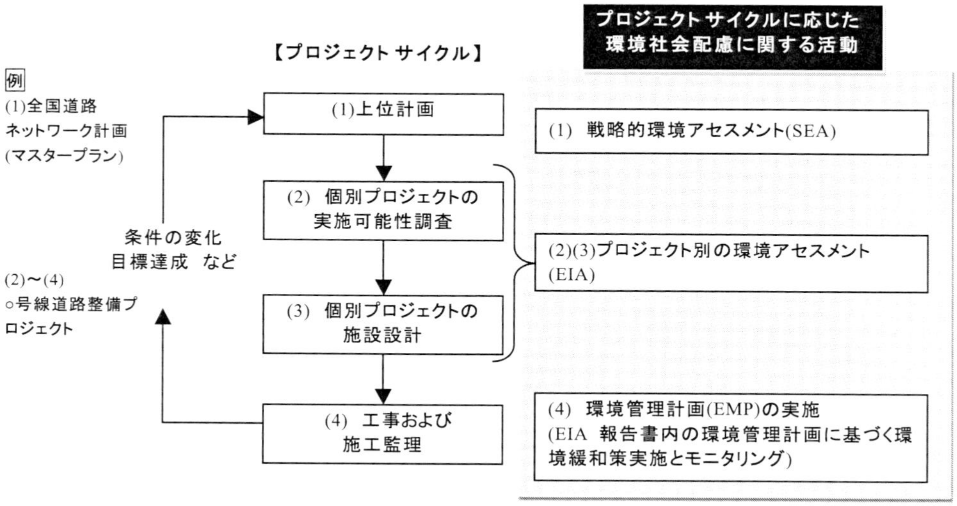

図 4.15　プロジェクトサイクルにおける環境社会配慮に関する活動

援助の融資条件となっているケースが多い.

4.3.3　開発プロジェクトサイクルにおける環境社会配慮

一般的な開発プロジェクトのサイクルは，①国家レベルの上位計画の策定，②上位計画を達成するための個別プロジェクトの実施可能性調査，③個別プロジェクトの施設設計，④工事および施工監理であり，図4.15に示すとおり，それぞれのプロセスにおいて環境社会配慮が必要になる．戦略的環境アセスメント（SEA），環境アセスメント（EIA），環境管理計画（EMP）の概要は，表4.5の通りである．

表 4.5　環境社会配慮の手段

環境社会配慮の手段	主な内容
戦略的環境アセスメント（SEA：Strategic Environmental Assessment）	上位計画策定からプロジェクト実施段階に至るまでの行政意思形成過程の段階（戦略的段階）で行う環境社会配慮．多くの国では，戦略的環境アセスメントは法制度化されていないが，JICA 環境社会配慮ガイドラインでは上位計画策定時に実施することとなっている◀4.
環境アセスメント（EIA：Environmental Impact Assessment）	上位計画策定を経て個別プロジェクト段階で実施される環境社会配慮．分析対象項目や基準の違いはあるものの，多くの国では環境アセスメント法令が制定されており，開発プロジェクトの実施前に環境アセスメントを行うことが義務づけられている◀5.
環境管理計画（EMP：Environmental Management Plan）	環境アセスメントでは，一般に現状分析，影響予測，評価を踏まえて，環境緩和策と環境モニタリング計画を策定する．この環境緩和策と環境モニタリング計画の立案が環境管理計画である．環境管理計画に基づき，工事中の環境緩和策の実施とモニタリング，工事後の一定期間における影響の程度を確認するためのモニタリングが実施される．

◀**4**　具体的には，次のような分析を行い，個別プロジェクトの実施が円滑に行われるようにするものである．
- 法令および上位計画の分析：対象地域における法令や上位計画の整理を行い，それらの整合性を確認する
  例：対象地域の都市計画図，土地利用計画，インフラ上位計画等の分析
- 自然や社会面でのクリティカルな問題の有無確認と適地選定：　保護すべき貴重動植物の生息生育地域の有無，大規模住民移転や少数民族地域の有無の確認
- 早期情報公開と合意形成：政策決定者や被影響住民などの利害関係者（ステークホルダー）への早期情報公開と意見交換を通してプロジェクトに関する合意形成を行う
- 複数事業案の比較：　事業目的を達成するための代替案検討やオプション案の比較検討
  例：渋滞緩和のための交通手段検討，ルート案検討

◀**5**　当該国の法令で義務づけられた環境アセスメントは，事業のタイプや規模により求められる報告書の精度が異なる．また住民説明会やパブリックコメントの機会も義務づけられている場合が多い．

表 4.6 環境社会配慮活動の PMBOK における分類

プロセス群 知識エリア	1. 立ち上げプロセス	2. 計画プロセス	3. 実行プロセス	4. 監視・コントロールプロセス	5. 終結プロセス
a. 統合マネジメント	プロジェクトデザイン（インプット，アウトプット，アウトカム）	MP 作成 FS 作成	工事実施計画	**施工監理計画** **SEA, EIA** **（MP/FS に包含）**	瑕疵検査・引渡し
b. スコープマネジメント		対象のインフラ諸元		**SEA, EIA 実施のスコーピング実施**	
c. タイムマネジメント		プロジェクトスケジュール立案		**（プロジェクトスケジュールに従う）**	
d. コストマネジメント		ドナー予算，セクター予算，プロジェクト予算		**（プロジェクトコストに内部化）**	
e. 品質マネジメント		施設設計基準	施設設計基準（施設仕様，材料品質検査など）	**・SEA や EIA の分析・予測手法** **・EMP による予測結果の検証**	
f. 人的資源マネジメント		個別要員計画 キャパシティアセス	個別要因計画（施工，SV，施主）	**（環境費用内部化）**	
g. コミュニケーションマネジメント	**ステークホルダー（SH）特定（政府，住民など）**	**EIA などを通した SH への説明と合意**	**SH への定期的な情報提供**	**SH への定期的な情報提供**	
h. リスクマネジメント		**SEA, EIA 実施（環境面）**		**EMP 実施**	**供用時 EMP 終了・評価**
i. 調達マネジメント		資材等調達計画	調達実施（契約，資機材調達など）	**（環境費用内部化）**	

太字：環境社会配慮に関連する活動，その他：インフラ整備計画における環境社会配慮に関連する活動．

4.3.4 環境社会配慮活動の PMBOK における分類

第 1 章の表 1.2（10 ページ）で示したとおり，PMBOK における各プロセスは，5 つのプロセス群と 9 つの知識エリアのマトリクスで表現されている．これを環境社会配慮における活動や成果として分類すると，表 4.6 となる◀6．主に「4. 監視・コントロール」のプロセス群と「g. コミュニケーションマネジメント」の知識エリアに活動が集中することがわかる．これはメインストリームとして開発プロジェクトがある一方で，平行して環境社会配慮というサブストリームがあり，環境面でのコントロールが行われていることを示している．戦略的環境アセスメントならびに環境アセスメントの手続きでは，住民合意形成や住民参加の機会が法令やガイドラインで設定されている．エンドユーザであり，納税者であり，被影響者である住民とのコミュニケーションマネジメントのツールとして，これらの環境社会配慮手続きが活用されている．

◀ 6 PMBOK のマトリクスへの環境社会配慮活動のあてはめは筆者の試みであり，必ずしも固定化されたものではない．

4.3.5 環境アセスメント手続きの流れ（図 4.16）

一般的な環境アセスメントの手順は次の通りである．

(1) スクリーニング

プロジェクトの活動や規模・立地環境が確定した段階で，それらに応じて法令やガイドラインが要求する水準の環境社会配慮活動を決定する．

一般的には，プロジェクトの影響が甚大である可能性が高い場合は，現地調査や定量的な予測評価が必要な詳細環境影響評価が要求され，影響が軽微と想定されるプロジェクトでは，既存文献や現地踏査を基本として実施される簡易なレベル，あるいは「不要」という判定が行われる．

(2)　スコーピング

(1) で詳細レベルが必要になった場合，事業に含まれる活動が社会または自然環境のどの項目（表 4.4）に対して影響が大きいか判定し，重要と思われる評価項目の選定並びに調査方法について決定することを「スコーピング」という．スコーピングは環境アセスメントの認可を与える被援助国の省庁がレビューし，省庁から承認を得る必要がある．

通常，重要な評価項目を決める場合には，以下の 2 つの方法をとる．

①**チェックリスト法：**　プロジェクトから生じる可能性のあるすべての影響を網羅し，環境項目に加えて各環境項目の影響が詳細に記述される

②**マトリクス法：**　特定の環境項目をプロジェクトの特定の行為と関連づけることによって，影響の性質を説明する方法である．表 4.7 に示す通り，縦軸に環境影響項目，横軸に事業活動のマトリクスを作って，影響の程度を A～C などで記入する場合が多い．作成されたマトリクス

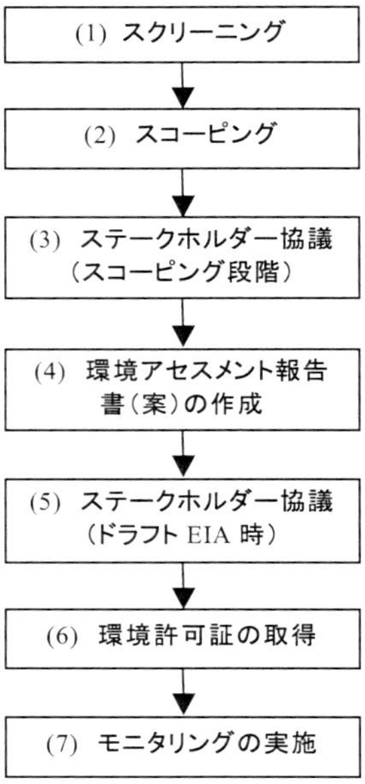

図 4.16　環境アセスメントの流れ

表 4.7　スコーピングマトリクス（Leopold マトリクス法の事例）◀7

影響要因	影響項目	30 底質(川底の土壌)	29 悪臭	28 地盤沈下	27 騒音・振動	26 廃棄物	25 土壌汚染	24 水質汚染	23 大気汚染	22 地球温暖化	21 景観	20 気象	19 植物、動物、生態系	18 海浜	17 水系・湖沼	16 地下水	15 土壌浸食	14 地形・地質	13 事故	12 感染症等のリスク	11 公衆衛生	10 水の利用、水利権等	9 関係者による係争	8 文化財	7 利益・不利益の分配	6 貧困層及び少数民族等	5 既存のインフラ及びサービス	4 地域の社会組織等	3 土地利用及び資源利用	2 地域経済	1 住民移転
		公害								自然環境									社会環境												
	総合評価				B	B		B		B			B			C			B	B		B	C	C					B		B
計画時	土地収用																												B		B
計画時	本プロジェクトに伴う土地利用計画の変更，規制																														
工事時	湿地等の改変							B																							
工事時	森林伐採					B				B																			B		
工事時	土地改変（切り盛土，掘削）					B		B								C						B		C					B		
工事時	工事関係車両・重機等の稼働				B														B												
工事時	道路，料金所，駐車場，橋梁取り付け道路等の建設				B																								B		
工事時	交通規制																		B												
工事時	工事関係者の流入及びベースキャンプの設置					B														B											
工事時	交通量の増大				B					B									B												
供用時	道路の存在及び関連建築物の増加																														
供用時	入植者の増加					B		B		B			B							B			C						B		

出典：国際協力機構（JICA）：環境社会配慮ガイドライン，2010（文献［12］）を参考に作成．

◀**7**　評価（例）
A：重大な影響が想定される．
B：一定の影響が想定されるが A と比較して小さい
C：設計未実施のため影響の程度が不明（設計を踏まえた確認調査が今後必要）
記載無し：影響は軽微であり，今後現地調査や影響予測は不要

より，プロジェクトが環境に及ぼす全体的な影響，さらにプロジェクトの中で最大の影響を引き起こす部分についての視覚的な印象を得ることが容易である◀8.

③**現地ステークホルダー**◀9**協議の実施**（スコーピング段階）：　事業者は，現地ステークホルダー（現地 NGO，政策決定者，被影響者など）に事業の目的，施設配置，スケジュールなどの概要を公開すると同時に，想定される影響や今後の調査・分析の方法を説明し，意見交換を経てステークホルダーからプロジェクト実施に対する基本的な合意を得る．また意見を踏まえて，計画や設計を見直すことも重要な目的の一つである．

④**環境アセスメント報告書**（案）**の作成**：　スコーピングに基づいた手法により，現地調査，分析，予測，評価，環境管理計画をとりまとめた環境アセスメント報告書（案）を作成する．

⑤**現地ステークホルダー協議の実施**（EIA 素案段階）：　事業者は，再度プロジェクトの概要（施設配置計画，事業スケジュール，事業の効果など）や環境アセスメントの結果を現地ステークホルダーに説明し，意見交換を経て最終的なプロジェクトの合意形成を図る．また，意見をプロジェクトに可能な限り反映する．

⑥**環境許可証の取得**：　事業者は環境アセスメント報告書を環境省などの承認機関に提出し承認を得る．

⑦**環境管理計画の実施**：　事業者は，環境管理計画に基づいた環境緩和策の実施とモニタリングが義務づけられる．工事中は主に工事請負業者が環境緩和策を実施・モニタリングし，それら結果を施工監理コンサルタントに提出する．施工監理コンサルタントはそれを評価し，事業者と環境承認を与える権限のある省庁に提出し，監査を受けるのが一般的な手順となっている◀10.

◀8　そのほか，ネットワーク法，オーバーレイ法などの手法があるが，現在はこの 2 つの方法が一般的である．

◀9　現地ステークホルダーとは，事業の影響を受ける個人や団体（非正規居住者を含む）および現地で活動している NGO のことである．

◀10　加えて，工事後は事業者によって一定期間のモニタリングが必要だが，特に途上国においては法的な強制力が弱く，なかなか実施されないのが実情である．このため，JICA 環境社会配慮ガイドラインでは支援の条件として，インフラ建設後の一定期間のモニタリングを義務づけている．

4.3.6　国際開発プロジェクトにおける環境社会配慮の事例

(1)　南スーダン共和国ジュバ市（旧：スーダン国ジュバ市）水道事業（マスタープラン（MP）／フィージビリティスタディ（FS））

①**PMBOK 上の環境社会配慮事項の分類**：　本プロジェクトは上水道に関するマスタープランならびに優先度の高い事業に関するフィージビリティ・スタディである．環境社会配慮面では，監視・コントロールのプロセス群において，プロジェクトの活動（例：浄水場の建設計画など）を踏まえ，その手段となる環境アセスメント（EIA）の実施を支援することが主な活動となった．また，コミュニケーションマネジメントとして，プロジェクトの開始から終了まで，一貫して住民や関係者への

表 4.8　スーダン国水道事業における環境社会配慮活動の分類

プロセス群 知識エリア	1. 立ち上げプロセス	2. 計画プロセス	3. 実行プロセス	4. 監視・コントロール プロセス	5. 終結プロセス
a. 統合マネジメント	プロジェクトデザイン（インプット，アウトプット，アウトカム）	MP 作成 FS 作成	工事実施計画	**施工監理計画** **EIA の実施** **（MP/FS を構成する要素）**	瑕疵検査・引渡し
b. スコープマネジメント				**EIA 実施のスコーピング実施**	
c. タイムマネジメント				**（プロジェクトスケジュールに従う）**	
d. コストマネジメント				**（プロジェクトコストに内部化）**	
e. 品質マネジメント				**・EIA の分析・予測手法** **・EMP による予測結果の検証**	
f. 人的資源マネジメント				**（環境費用内部化）**	
g. コミュニケーションマネジメント	**ステークホルダー（SH）特定（政府，住民，給水施設関係者など）**	**EIA 手続きを通した SH への説明と合意**	**SH への定期的な情報提供**	**SH への定期的な情報提供**	
h. リスクマネジメント		**EIA 実施（環境面）**		**EMP 実施**	**供用時 EMP 終了・評価**
i. 調達マネジメント				**（環境費用内部化）**	

太字：環境社会配慮に関連する活動，その他：インフラ整備計画における環境社会配慮に関連する活動.

情報提供と意見交換を行い円滑な合意形成を図った．表 4.8 に，PMBOK のマトリクスを用いた，本プロジェクトの環境社会配慮活動を示す．

②**プロジェクトの背景と目的：**　旧スーダン共和国の南スーダンでは 20 年以上内戦が続き，2005 年に終結したものの，首都ジュバ（図 4.17）において道路や給水施設などの都市インフラが内戦により破壊され不足していた．さらに，戦後の復興により国内避難民などの帰還が進むにつれ，都市問題が深刻化しており，早急な対応が必要となっていた．本調査では，慢性的な水不足と不衛生な給水状況を改善し，安全で衛生的な水の供給を目指す計画を策定すると同時に，水道事業運営能力の向上を目指して技術支援を行った．

③**プロジェクトの概要：**　本調査では，ジュバ市とその周辺地域に対して上水道整備マスタープランを策定し，このうち優先度が高い事業についてフィージビリティスタディを行った．加えて，実施機関である水道公社と関係機関の上水道技術者などの能力開発および公共栓の運用維持管理のための住民参加による水委員会の形成支援を行った◀11.

④**水利用の現状：**　ジュバ市は 40 万人（2008 年時点）の人口を擁す南スーダンの首都である．多くの住民は塩素で滅菌しただけのナイル川の生水や塩分濃度の高い井戸水などを 1 人あたり 1 日 30 ℓ 使用している（図 4.18～4.20）．図 4.21 に示すとおり，安全な水道水を利用できるのは人口の約 8％に過ぎない．このため，不衛生な水に起因した疾病（下痢，腸チフス，コレラなど）が頻発していた．

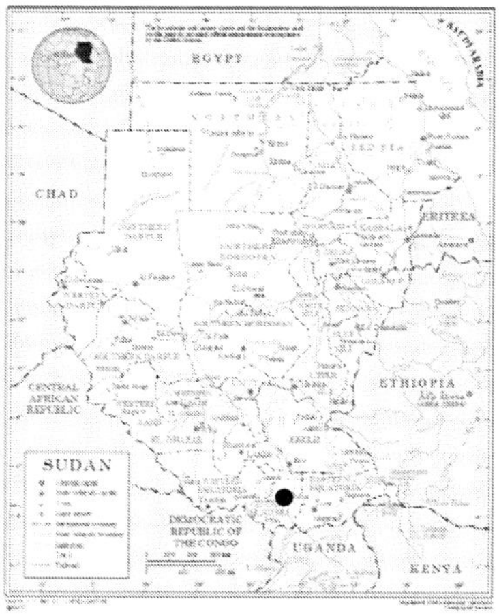

図 4.17　プロジェクト対象位置図（旧スーダン共和国ジュバ市）
出典：United Nation, 2007（文献 [17]）.

◀ **11**　本業務は，2008～2009 年に JICA の委託により，（株）東京設計事務所ならびに（株）エイト日本技術開発が実施した．

図 4.18　プロジェクト前の給水状況
民間業者がナイル川から給水タンクに水をポンプアップし，有料で家庭に給水している．

図 4.19　公共井戸
塩分濃度が高く飲料に不適切．

図 4.20　給水タンク
ナイル川の水を各家庭に給水（有料）．

⑤**プロジェクトで提案された給水システム：**　ジュバ市における将来の給水システムは，ナイル川を水源として，浄水施設（Water Treatment Plant）で飲料水基準の水質まで浄化し，ポンプを通して，高架水槽（Service Reservoir）に送水し，そこから給水範囲に重力式で配水する仕組みである．マスタープランでは段階的にこれらのシステムをジュバ市全体として計画し，フィージビリティスタディとしては，最も整備優先度の高いジュバ市中心地区における水道需要量分析，必要施設の容量設定と施設設計，水道料金システムのシミュレーション（最適水道料金価格の設定や回収方法）などの調査分析を行った．フィージビリティスタディの結果，ジュバ市での給水は日本のような戸別給水とした場合，給水メータの設置や戸別配管の費用の問題，集金システムの難しさがあることから，現時点では管理型の公共水栓や水販売店設置による対

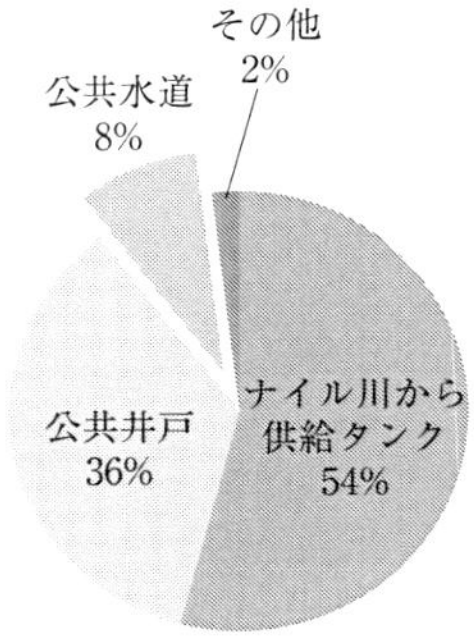

図 4.21　ジュバ市における水源別割合
出典：東京設計事務所・エイト日本技術開発，2009（文献 [13]）．

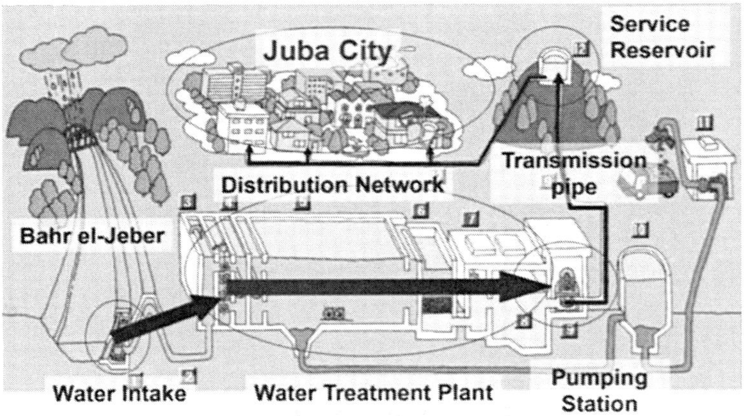

図 4.22　ジュバ市において提案された給水システム
出典：東京設計事務所・エイト日本技術開発：スーダン国ジュバ市水道事業計画調査最終報告書，2009（文献 [13]）．

応を当面行うこととした（図 4.22）.

⑥**環境社会配慮：**　スコーピングで抽出された結果をもとに，文献調査や現地調査を実施し，影響分析を行った結果を表 4.9 に示す．影響が想定される主な項目として，住民移転または土地収用，水道が整備され水使用量が増えた後の排水による水質悪化・衛生問題，工事中の大気・騒音・水質悪化が挙げられた．分析の結果，本プロジェクトで特に配慮が必要な項目は，住民移転（土地収用）および水質汚濁であった．

【住民移転（土地収用）上の課題】

住民移転の課題として，土地法は制定されているものの正確な運用が行われていない，土地法がある一方で部族などの慣習で土地の取引が行われている，といった課題◀12 が挙げられた．そこで，公平で透明性の高い土地収用のプロセスを採用するために，政府土地関連行政機関，部族幹部，所有者，使用者などを集め現地ステークホルダー協議を行い，

◀12　そのほかに，次のような課題も挙げられた．①所有者の土地を測量した図面で示した，いわゆる「地積測量図」は市街地の一部を除き存在しない，②土地や樹木などの公的補償価格と実際の取引価格に乖離がある，③土地取得が円滑にできない場合，水道施設プロジェクトが中止になる可能性があるばかりでなく，それに関連する施工業者は施工中断した場合，経済的な損害を受ける．

表 4.9　ジュバ市上水道プロジェクトにおける環境社会への影響と予測結果◀13

影響項目		影響レベル	懸念された影響の内容	予測結果概要
社会環境	住民移転（資産等の喪失）	B	優先プロジェクトの施設（浄水施設，送水配水池，パイプラインの敷設）の設置が既存住居や建物，農地，有用樹木，森林等に影響を及ぼす可能性がある．	すべての施設は住居区域をさけて設計されたため住居移転を含む資産等の喪失はないが，一部民地に高架水槽が設置されるため土地収用の発生の可能性がある．
	公衆衛生	B	下水処理施設や排水網が整備されていないことから，給水量増加に伴う市内からの排水増加は既存河川の水質汚濁および衛生面で影響を与える．	ナイル川への影響は，分析の結果 SS および BOD ともに 4% 未満の上昇率である．ただし，排水網が整備されていないことから，排水による水たまりは衛生上影響が大きいと予測された．
自然環境	大気汚染（粉じん）	B	工事中の機械や車両が粉じんを発生させ周辺住居に影響を与える可能性がある．	一部施設予定地点周辺には住居があることから，工事中に工事機械やトラックの稼働が粉じんを発生させ，影響を与える可能性がある．
	水質汚濁	A	給水区域からの排水や浄水処理上からの洗浄水やスラッジがナイル川への水質に影響を及ぼす可能性がある．	優先プロジェクト実施時の主な水質項目の予測結果は次のとおりである． ■現況　　□将来（増加率） 浮遊物質（SS：Suspended Solid） ■ 19.058 mg/ℓ　□ 19.181 mg/ℓ（0.65% 増加） 生物化学的酸素要求量（BOD） ■ 2.00 mg/ℓ　□ 2.08 mg/ℓ（3.98% 増加） いずれも著しい影響は認められない◀14.
	騒音・振動	B	工事時に建設機械や工事車両が騒音振動の影響を与える可能性がある．また供用時は施設稼働の影響が想定される．	供用時に新たに設置される施設は，防音施設装置内に設置され，予測結果は基準値以下（65 dB（A））である．しかし，既存浄水場にある 2 つの発電機は騒音が大きく，同時稼働した場合，敷地境界で 70 dB（A）を超過すると予測される◀15.
	底質	B	浄水場のスラッジ排出がナイル川に影響を及ぼす可能性がある．	施設計画によれば SS は 200 mg/ℓ 程度の濁水およびスラッジが河川に排水される．このスラッジは同様の河川からのものであり有害物質は含まれていないが，一時的に河川敷で水を利用しているユーザに影響を与える可能性がある．

出典：東京設計事務所・エイト日本技術開発：スーダン国ジュバ市水道事業計画調査最終報告書，2009 年 9 月（文献［13］）.

図 4. 23　大酋長・村長・調査団団長との現地協議

図 4. 24　市民との住民会議

意見交換と合意形成を行った（図 4.23，4.24）．この現地ステークホルダー協議においてコンサルタントが果たすべき役割は，①土地法を基本とし，可能な限り地域の慣習も取り込んだ公平な土地取得プロセスを中立的立場から提案し，政府，部族，所有者の同意を得ること，② JICA 環境社会配慮ガイドライン，世界銀行ガイドラインなどの要求事項についても配慮したプロセスとすること，③各ステークホルダーとの綿密な打合せによる理解と信頼を得た上で現地ステークホルダー協議を開催すること，の 3 点であった．

【水質汚濁の課題】

上水施設を整備した衛生的な水の提供は，様々なメリットを生み出す．しかしながら，一方では，それに伴う経済活動も活発化し，家庭排水のみならず，商業排水も増加し，これらが処理されることなくナイル川に排水された場合，水質汚濁の影響が予期される．

図 4.25 に河川中の浮遊物質（SS：Suspended Solid）と生物化学的酸素要求量（BOD：Biochemical Oxygen Demand）の予測結果を示す．

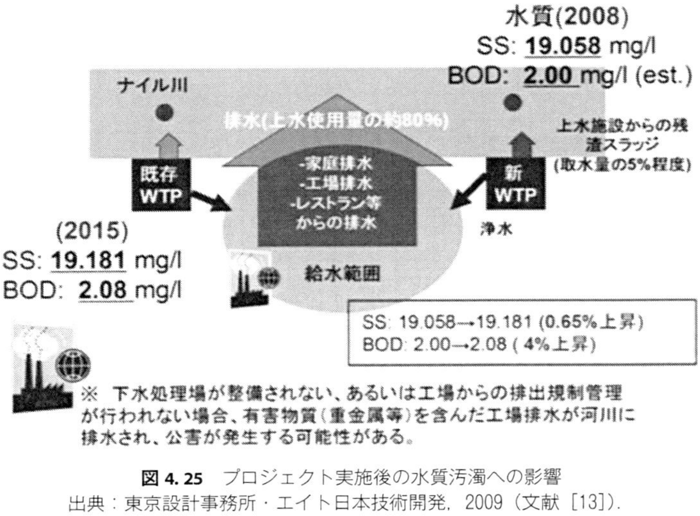

図 4. 25　プロジェクト実施後の水質汚濁への影響
出典：東京設計事務所・エイト日本技術開発，2009（文献 [13]）．

◀ **13**　評価
A：重大な影響が想定される．
B：一定の影響が想定される（A と比較して小さい）
C：設計未実施のため影響の程度が不明（設計を踏まえた確認調査が今後必要）

◀ **14**　しかしながら，将来工場等からの排水は重金属を含むなど質的な変化の可能性があり，未処理排水は健康被害を発生させる可能性がある．

◀ **15**　ただし現在のところ，周辺に住居，学校，病院などの静音を要する施設はない．

未処理の家庭排水がナイル川に流れ込んだとしても，ナイル川の十分な流量により希釈され，BOD は現状の値と比較して 4% 未満の上昇率である．しかしながら，今後問題◀16 が発生する可能性が高いことから，その影響を未然に防止するため，調査団は南スーダン政府に提案◀17 を行った．

◀ 16　①下水処理場が整備されない場合，人口増加に伴う有機汚濁が進行する．②重金属等の有害物質が未処理のままナイル川に流下し，生態系への影響ならびに公害が発生する．

◀ 17　①排水基準を業種ごとに設定し，モニタリング可能な機材を整備すること．②定期的なモニタリングを実施し，特に工場排水の管理を行うこと．③下水処理整備計画を策定すること．

(2)　タンザニア連合共和国マクユニ・ンゴロンゴロ間道路整備計画

① PMBOK 上の配慮事項：　本プロジェクトについては，すでにマスタープランなどの上位計画が終わり，対象となるプロジェクトが明確にされている状態から開始され，コンサルタントは基本設計，詳細設計並びに建設中の施工監理を行った．環境社会配慮面では，監視・コントロールプロセス群において，環境アセスメント（EIA）がプロジェクト開始時点で他ドナーによりすでに作成されていたため，EIA の品質管理，環境面のリスク管理という側面から，環境管理計画を策定した．また，本プロジェクトは開始時点で住民からの合意は得ていた．コミュニケーションマネジメントでは，住民移転などで直接的な影響を与えるステークホルダーを特定し，道路の完成まで継続的な情報交換を行うほか，交通安全教育を行うなどプロジェクト終了まで十分なケアを行った．以上の活動を，PMBOK のマトリクスを用いて表 4.10 に示す．

②プロジェクトの背景と目的：　タンザニアのマクユニ・ンゴロンゴロ間道路（図 4.26）は，アルーシャから南西に延びる幹線道路上をマクユニで分岐し，世界自然遺産に登録されているンゴロンゴロ自然保護区（図 4.27）までの延長約 77 km である．その悪路にもかかわらず，周辺に位置する自然保護区や国立公園に世界中から訪れる観光客は増加

表 4.10　タンザニア国道路整備事業における環境社会配慮活動の分類

プロセス群 知識エリア	1. 立ち上げプロセス	2. 計画プロセス	3. 実行プロセス	4. 監視・コントロールプロセス	5. 終結プロセス
a. 統合マネジメント	上位計画のレビュー	基本設計作成 詳細設計作成	工事実施計画	**施工監理計画** **EIA は他ドナーにより既に作成済み**	瑕疵検査・引渡し
b. スコープマネジメント					
c. タイムマネジメント				**（プロジェクトスケジュールに従う）**	
d. コストマネジメント				**（プロジェクトコストに内部化）**	
e. 品質マネジメント				**EMP 実施による EIA の検証**	
f. 人的資源マネジメント				**（環境費用内部化）**	
g. コミュニケーションマネジメント		**直接影響者の明確化と SH ミーティングの開催**	**SH への定期的な情報提供**	**SH への定期的な情報提供**	**SH への交通安全教育実施など**
h. リスクマネジメント		**EIA 実施** **（環境面）**		**EMP 実施**	**供用時 EMP** **終了・評価**
i. 調達マネジメント				**（環境費用内部化）**	

太字：環境社会配慮に関連する活動，その他：インフラ整備計画における環境社会配慮に関連する活動．

図 4.26　プロジェクト対象位置図（タンザニア連合共和国）
出典：United Nation, 2006（文献［18］）.

図 4.27　対象道路終点に位置するンゴロンゴロ自然保護区

の一途をたどっている◀18.

同道路の位置するアルーシャ州は，国内ではダルエスサラームに次いで経済活動の盛んな地域の一つであり，主食メイズおよび小麦などについても全国有数の農業生産地である◀19. このため，同道路は農村部からアルーシャ市への農産物の輸送にも使用されている．しかしながら，こうした経済発展の可能性を有しているにもかかわらず，政府予算の不足により長期間十分な維持管理がなされてこなかったことから，同道路は雨期には通行不能になり，道路としての十分な機能を発揮していなかった．そこでタンザニア政府は「マクユニ・ンゴロンゴロ間道路整備計画」を策定し，日本政府に対し，この計画の詳細設計に必要な資金協力を要請してきたのである◀20.

◀ **18**　同地域への訪問者数は，1999 年実績でアルーシャ州の観光客数の 54%を占めており，これはタンザニア全体の 32%を占めている.

◀ **19**　このほか牛・羊・山羊の飼育頭数も全国第 1 位を記録している.

③**プロジェクトの概要：**　本プロジェクトの主な活動は，自然環境に配慮した既存未舗装道路の線形改良と舗装道路設計であった◀21. 道路整備に関してはすでに世界銀行がフィージビリティスタディと環境アセスメントを終了していたので，それらを踏まえた道路設計ならびに環境アセスメント報告書に基づいた環境管理計画の策定を行った．図 4.28 に道路整備と環境社会配慮のフローを示す．

◀ **20**　期待された成果は，降雨による年約 30 日の通行困難をなくし，通年交通を確保すること．また，マクユニからンゴロンゴロまでの移動時間を大幅に短縮し，輸送費も低減することにより，同地域の経済・社会開発に大きく寄与すること．

◀ **21**　（株）エイト日本技術開発並びに（株）オリエンタルコンサルタンツにより実施された.

環境社会配慮とは，環境アセスメント報告書を作ることが目的ではない．環境アセスメントで抽出された影響項目について具体的な環境緩和策を計画・実施するとともに，その緩和策の効果を測定・蓄積し，次のプロジェクトに活かしていくことが最も重要である．本プロジェクトは，環境アセスメントでの検討事項を具現化するという点できわめて重

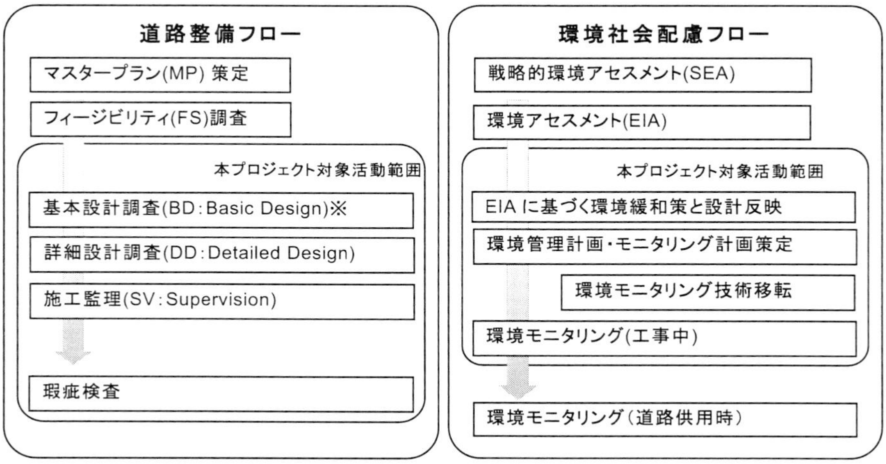

※2012年現在JICAでは「協力準備調査」という名称に変更されている

図 4.28 本プロジェクトの範囲と流れ
出典：エイト日本技術開発，オリエンタルコンサルタンツ：タンザニア連合共和国マクユニ・ンゴロンゴロ間道路整備計画詳細設計調査報告書及び環境モニタリング報告書，2001（文献 [15]）.

要な事例である．

④**プロジェクト対象地域の現状：** 対象道路終点には，世界自然遺産に登録されている「ンゴロンゴロ自然保護区」と「セレンゲティ国立公園」が位置し，対象区間途中にも動物の生息密度が世界一と言われるマニャラ湖国立公園が立地している．このため，現在の未舗装道路にはアフリカゾウ，マサイキリン，インパラなどの大型ほ乳類が季節移動のため通過する回廊が存在し，これらに対し，自然環境上の配慮が必要である．また，対象路線には途中2か所の村落があり，交通安全の確保など社会環境上の配慮も必要となる．

⑤**環境社会配慮：** 世界銀行が作成したEIAにおいて懸念されていた影響の内容と，それを踏まえ日本側調査団が検討した環境緩和策を表4.11に示す．社会環境分野では住民移転と交通安全，自然環境分野では野生生物回廊や沿道大径木の保全が重要な項目として抽出された．ここでは，これら環境社会配慮活動の具体的内容について解説する．

【交通安全施設の設置とキャンペーンの実施】

対象道路が通過する人口密集地域で交通事故を防止するため，速度抑制施設（ハンプ）と歩道を設置した（図4.29）．また，当時タンザニアの小学校では交通安全指導が行われておらず，交通量の増加に伴う交通事故の増加が懸念されていた．そこで，プロジェクト対象区間の村落住民および沿道に立地する小学校生徒を対象に，道路整備に先駆けて交通安全キャンペーンを行い，啓発を図った◀22.

図 4.29 ハンプと歩道の設置

◀ **22** キャンペーンには，周辺学校関係者，地域住民代表，警察官が参加した．

表 4.11　EIA 上の懸案事項と環境緩和策

分野	項目		懸案事項	環境管理モニタリング計画上の実施項目
社会環境	住民移転	沿道住民移転	適切な住民移転の実施	影響住民へのモニタリング
	事故	交通事故	交通量増加	交通安全キャンペーンの実施や交通安全施設の設置
自然環境	生態系	野生生物回廊	道路構造物設置による野生生物	低盛土構造，自動車速度抑制施設（標識やドリフト），土取り場設置場所の変更
		沿道樹木	道路線形変更に伴う大木の伐採	排水路線形の変更
		マニャラ湖の水収支	道路盛土による集水域の変化	排水施設（ボックス・カルバート*やドリフト**）の適切な配置
	公害	大気・騒音	交通量増加に伴う影響	緩衝地帯の確保

出典：国際協力事業団･エイト日本技術開発･オリエンタルコンサルタンツ，タンザニア連合共和国マクユニ･ンゴロンゴロ間道路整備計画基本設計調査報告書，2000 年 12 月（文献［14］）．
*　ボックス・カルバート：盛土の下部を横断する内空構造物（函渠）のこと．
**　ドリフト：道路上を横断する排水設備の一種．

【野生生物回廊の保全対策】

野生生物回廊が通過する区間の影響を最小化するため，タンザニア国立公園管理局と共同調査を行い，回廊の絞り込みと種を確認した．調査の結果，道路を横断する野生生物は，アフリカゾウ，マサイキリン，ダチョウ，レイヨウ類であることが確認された．回廊の保全対策として，①移動回廊を阻害しないような道路盛土構造◀23 の採用，②土取り場の設置場所の工夫，③ロードキル（自動車と野生生物の事故）防止のための自動車スピード抑制設備の設置などを実施した．図 4.30 に示すように，プロジェクト実施後もマサイキリンは道路を横断できている．

◀ **23**　特にマサイキリンは登坂能力が低いことから，低盛土および緩傾斜の道路法面の整備が必要であり，設計に反映した．

なお，道路に沿道照明はないことから，夜間の野生生物回廊では，道路を横断するジャッカル類，マングース類のほか，時にはアフリカゾウ

図 4.30　プロジェクト実施後の状況（マサイキリンの横断）

との事故も発生する．大型ほ乳類への衝突は，その動物のみならず，運転手や乗員の死亡事故となる場合も多い．そこで，野生生物回廊付近において走行速度抑制を行うため，標識や排水設備（ドリフト）◀24 を設置した（図 4.31，4.32）．その結果，自動車の走行速度を抑制するばかりでなく，ボックス・カルバート建設と比較して安価となり，マニャラ湖集水域の水収支を保全する効果も生じた．

◀ 24　常時は道路横断方向に水の流れはないが，降雨後などに道路法面の流域上流部から下流部方向へ速やかな路面排水を行うための設備．

図 4. 31　ドリフト設置標識

図 4. 32　ドリフト設置箇所

【沿道樹木の保全対策】

道路沿道には胸高直径が 1 m を超す大径木（だいけいぼく）が多数生育していた．これらは観光地の景観の一部を構成しており，住民が休憩や商売の場所として利用するほか，バオバブは悪魔の棲む木として住民に信じられている．また，沿道樹木にはアフリカトキコウやコウノトリなどの渡り鳥のコロニーがあり，生物保全の観点から，可能な限り保存することが望ましいと判断された．

沿道樹木 1 本 1 本について公共事業省，施工業者，タンザニア国立公園管理局と現地で協議を行いながら，道路線形や道路端排水溝の工夫により可能限り樹木伐採数を最小化した（図 4.33）．

⑥**プロジェクト実施後の状況：**　2005 年にプロジェクトが無事終了し，77 km の舗装道路が供与された．この結果，最寄りの地方都市アルーシャから観光地であるンゴロンゴロ自然保護区までの移動時間が減少し，ますます観光客が増加している．また，沿道住民も最寄りの地方都市まで通勤通学できるようになり，本プロジェクトは大きな成果を上げた．しかしながら，道路が舗装されたことにより沿道住居が増加し，野生動物回廊方向に都市化が進展している．このような間接的な影響を最小化するため，プロジェクト実施事業者の責任が及ぶ範囲のみならず，その他の機関に働きかけることも重要であり，タンザニア政府の継続的なモニタリングが望まれる．

図 4. 33　工事前後の沿道樹木と景観の変化（ムトワンブ村）

コラム

途上国における開発コンサルタントの生活

ODAに携わるコンサルタントは，人にもよるが1年のうち半年から10か月程度は途上国で生活する．滞在地は，首都圏の場合もあれば，電気や水のない地方都市の場合もある．首都圏であれば，治安と衛生面を考慮し，予算内であれば設備が整ったホテルに宿泊することも可能だが，地方村落の場合は難しい．

2010年に訪れたシエラレオネ国の北部カンビア県では，内戦時に発電所や上水施設が破壊され，電気も水も供給されていなかった．このため，宿舎では毎日ホテルのスタッフにお願いし，井戸や河川から濁った水を50ℓ程度運んでもらい，トイレと行水に使用した（図4.34，4.35）．

食事は，一般にそのバラエティは少ない．冷蔵庫がないために食材が現地調達に限られるからである．アフリカに行ったことのない人は驚くだろうが主食は粘り気のない「コメ」である．ここではスチームライスにパームオイル（ヤシの実を煮詰めて出てくる赤い油）と野菜や肉をシチューのように煮込んだものをかけるのが一般的であるが，時々はイモ類を茹でたものにかけたり，ヒエの茹でたものにかけたりする場合もある．かかっているシチューは脂っこくピリッと辛く，食がすすむが，毎日食べると食傷気味になる（図4.36，4.37）．

アフリカで生活をする上では食事もさることながら，マラリアには特に注意が必要である．媒介するハマダラカは夕方から早朝まで活動する．一般にはこまめに蚊取線香を焚き，虫除けスプレーを使用していれば，罹患を避けられる．マラリアに罹患された人の多くは，酔っぱらって夜半に蚊のいるところに長居するとか，半袖でいるとか，しっかり睡眠をとらないとか，思い当たるフシがあるようである（図4.38）．

このように首都圏を除くアフリカでの仕事は，危険が前提であるが楽しい．見渡す限りのサバンナやジャングルの風景，野生動物との遭遇といった未知の状況に身を置けることもその理由であるが，とりわけ陽気で，憎めない現地の人とのふれあいはなに

図4.34　公共井戸での水くみの様子
毎日の水くみは女性にとって重労働．

図4.35　宿泊所のバスルーム
井戸水50ℓでお風呂とトイレをまかなう．

図4.36　各家庭でのパーム油作り

図4.37　オクラシチューとヒエ

図4.38　モスキートネットに覆われたベッド

ものにも代えがたい．最初は外国人である我々に気を遣って礼儀正しいが，慣れてくれば平気で約束は破るし，待ち合わせには必ずといっていいほど遅れて来る．しかし，それほど悪意があるわけではない．東アフリカの現地語であるスワヒリ語では，明日も「KESHO」，期間を限定しない未来も「KESHO」であり，それは彼らの文化なのである．……「物は考えようだな」などとカルチャーギャップを感じるのも重要だが，我々コンサルタントはそんな悠長なことは言っていられないので，適当になだめすかしながら，こちらのペースで共同の作業を進めていく．ひと仕事終わり，現地の人とグラスを傾ければ，気持ちはうち解け，冗談を言えば，パチンと手をたたき合うほどに親しくなれる．そこまでの関係になれば，家族を紹介され，貧しくても精一杯のもてなしをして楽しませてくれる（図4.39）．そこには一旅行者では味わえない，ひとときが待っている．

図 4. 39　ローカルスタッフの家庭に招かれて

4.4　リスクへの対応策とまとめ

プロジェクトが何ら問題なく円滑に終了することはむしろ稀であり，プロジェクトは常に何らかのリスクを伴いながら実施される．本節では，PMBOK のどの知識エリアのプロセスに問題があるとそれに起因してどのような支障が発生するのか，事例を踏まえて分析を行い，配慮すべき事項とリスクへの対応策をまとめる．最後は本章のまとめとして，事例調査を通じた国際開発プロジェクトのマネジメント手法に関する重要事項について，改めて整理する．

4.4.1　プロジェクト実施上のリスクと対応策

(1)　都市開発プロジェクトにおける配慮事項とリスクへの対応策

①**社会経済状況への配慮：**　マザリシャリフ市の事例では，援助国の支援事業のみならず政府および民間主導の様々な建設プロジェクトが進行していた．特に，市内の人口増加にともなう急激な住宅建設の増加は目を見張るものがあった．しかし，復興バブルとも言える一時的な復興ラッシュが，建築資材コストや労賃の高騰を招く一因ともなった．紛争影響国の初期の復興段階時に，社会経済状況の変化に注意を払うことは，事業の計画および実施段階ともに必要不可欠な事項である．これにより，事業への影響を予測し，負の影響を軽減することが可能となる点

に留意することが必要である．これらの作業は，PMBOK のプロセスでは要求事項収集，スコープ定義などに相当する．これにより，プロジェクト目標を達成するためにステークホルダーのニーズを定義し，プロジェクトのスコープを明確にする．

②地元関係者・機関との関係構築：　地元関係者・機関と密接な関係を築くことは，様々な障害による事業への負の影響を最小限に抑え，事業実施の効率をあげるために必須である．本事例では，事業対象校の周辺住民や教師，対象道路周辺にある商店のオーナーなどの理解と協力が，事業の円滑な実施の助けとなった．たとえば本事例でも開始当初より，調査団は地元コミュニティの住民や関連政府機関と頻繁にコミュニケーションを取った（図 4.40，4.41）．これらの作業は，PMBOK ではコミュニュニケーションマネジメントに含まれる，ステークホルダー特定，コミュニュニケーション計画などのプロセスに相当する．PMBOK では，コミュニケーションはプロジェクトの成否を握る知識エリアと位置付けられており，非常に重要なプロセスとして認識する必要がある．

図 4.40　女性参加による住民集会

図 4.41　積極的な意見を述べる住民

③プロジェクト対象である地方都市の限られた財政状況：　復興支援の対象となる多くの地方政府や自治体では，単独では道路部門に必要な予算を確保できないのが実情である．本事例では，マザリシャリフ市は市内道路の運営（道路建設や道路維持管理）に対して全責任を負っている．改修工事完了道路がマザリシャリフ市に引き継がれた後は，同市が継続的に道路の維持管理作業をすることが必要となる．調査団は同市が道路維持管理に必要な資金を確保することをこれまで以上に努力するように助言したほか，中央政府が社会基盤の重要性を認識し，社会基盤関連予算を重視するよう適宜説明を行った．PMBOK のリスクマネジメントのプロセスは，リスク特定，定性的・定量的リスク分析，リスク対応計画など特に計画プロセス群に集中している．プロジェクトの初期段階においては，特にリスクに関する情報の整理に努め，適切な事業運営に向けて予備的な準備を講じておくことが肝要である．

④工事遅延をもたらす不測の事態：　工事の履行期間は，工事量と利用可能な建設資機材の組み合わせから 270 日とされていた．しかしながら，工事は遅延し，すべての工事を完了するまでに 50 日の追加期間が必要になった◀1．

国内状況が安定しているとは言えない状況下における国を対象とした工期算定は，計算で求められた工期に加え，相当な余裕日数を加算することが必要となる．これらの業務は，PMBOK ではリスクの監視・コントロールのプロセスに位置付けられている．このプロセスでは，リスクの再査定，差異・傾向分析，技術パフォーマンスの測定などを踏ま

◀1　主な遅延の原因は下記の通りである．①冬季（雨期）の資機材輸送の困難性，② 2005 年 9 月の議会議員選挙の影響（治安が不安定な状況でのリスクを避けるため，2005 年 8 月から 2005 年 11 月まで可能な限り要員の数を減らすことが決定された．その結果，工事の進捗が遅れた．），③世界銀行の援助による水道管理設プロジェクトの影響（2005 年 9 月半ばから 2005 年 10 月初めまでの水道管埋設工事によりホスピタル道路の工事が停止した．

表 4.12　環境社会配慮上のリスクと対応策

課題	実施されない場合のリスク	主な対応策
1. EIA が実施されないまたは適切に実施されない	• 工事実施段階または供用後に予期せぬ不可逆的な自然環境への影響や社会的反発が生じる • 当該国国内での開発許可が得られない • 他ドナーからの資金調達ができない	• 必要な環境社会配慮手段等を明確にする • 法令やガイドラインに準拠した EIA 報告書を作成し，承認を得る
2. ステークホルダーとのコミュニケーションが図られない	• 工事・実施段階でステークホルダーの合意が得られない • ステークホルダーからの意見がプロジェクトに反映されない	• 定期的なコミュニケーションを図る • 規定される住民説明会を開催する
3. 環境社会配慮に関する費用が内部化されない	• 環境許可が得られず施工が開始できない，または遅延が生じる	• プロジェクト費用として環境に関する費用を計上する
4. EMP が実施されない	• 予期せぬ不可逆的な自然環境への影響や社会的反発によりプロジェクトの大きな変更や中止が生じる • EIA に関する知見が集積されず，今後の EIA の精度向上が期待できない	• EMP の実践について工事請負業者並びに施工監理コンサルタントなら契約内容に入れる • EMP 監査システムを規定する

え，速やかに変更要求をし，プロジェクトマネジメント計画書（事業計画書に相当）を変更し，対応するよう留意事項を提示する．

(2)　環境社会配慮上のリスクと対応策

次に環境社会配慮の観点から，プロジェクトのリスクについて対応策を整理する．プロジェクトの計画段階，実施段階においては，平行して展開される環境社会配慮として環境アセスメント（EIA）がある．これをサブプロジェクトとして捉え，実施すべき活動を行わない場合，あるいは失敗した場合，リスクが生じる．下記に 4 つの主要なリスクおよびその対応策をまとめる（表 4.12）．

① **EIA が実施されないまたは適切に実施されない場合：**　様々な理由で EIA が実施されない場合，あるいは簡略化などにより適切に実施されない場合は，以下のリスクが生じる．

- 工事実施段階または供用後に，予期せぬ不可逆的な自然環境への影響（貴重種の絶滅，生態系バランス崩壊など）や住民からの社会的反発によりプロジェクトの大きな変更や中止が生じる．
- EIA 承認がない場合は当該国国内での開発許可が得られない．
- EIA 実施がドナーからの資金調達条件となっている場合が多く，その調達ができない．

これらのリスクを回避するためには，PMBOK のリスクマネジメントの観点から計画プロセス段階において環境社会配慮の手段◀2 を明確にすることである．また，当該国および資金調達組織（各国ドナー，援助組織）の EIA 関連法令やガイドラインに準拠した EIA 報告書を作成し，当該国の環境承認権者ならびに資金調達組織の承認を得ることが必要である．

◀**2**　準拠する法令やガイドラインと環境社会配慮の内容（SEA や EIA）．

②**ステークホルダーとのコミュニケーションが図られない場合：**　事

業者，関係政府機関，地方政府，プロジェクト被影響者，地元住民，NGOなどのステークホルダーとの適切なコミュニケーションが適切な時期に図られない場合，以下のリスクが生じる．

- 実施段階でステークホルダーの合意が得られず，プロジェクトの大きな変更や中止が生じる可能性がある．
- エンドユーザとなる関係者からの意見がプロジェクトに反映されず，供用後に対象の施設などが効果的に利用されない．
- 工事段階では地元住民のプロジェクトに関する理解が得られず係争が起こりやすい．

これらのリスクを回避するためには，プロジェクトのすべての段階におけるコミュニケーションマネジメント知識を踏まえ，計画段階から終了段階まで定期的なコミュニケーションを図る機会を設けるとともに，EIAガイドラインなどに規定される住民説明会を適切に開催し，ステークホルダーへの情報公開と意見交換を行うことが必要である．

③環境社会配慮に関する費用がプロジェクト費用として内部化されない場合： EIA実施費用[3]や移転補償費用が調達できない場合，あるいは調達に遅延が生じる場合には，①で記述したリスクに加え，開発許可の付帯条件となる環境許可が得られず施工が開始できない，またはプロジェクトのスケジュールに遅延が生じる．

◀3 コンサルタントへの委託費用や環境調査費用など．

これらのリスクを回避するためには，計画プロセス段階において費用の概算を行い，調達マネジメントおよびコストマネジメントに基づいた予算の内部化，つまりプロジェクト実施予算に費用をあらかじめ組み込むことが必要である．

④ EMP（環境緩和策とモニタリング）**が実施されない場合：** 環境への影響の程度が分析され，その影響を緩和するための対策（環境緩和策）と実施方法，モニタリング方法が記載されるのが，環境管理計画（EMP）である．EMPが実施されない場合，以下のリスクが生じる．

- 工事実施段階または供用後に予期せぬ不可逆的な自然環境への影響（貴重種の絶滅，生態系バランス崩壊など）や社会的反発によりプロジェクトの大きな変更や中止が生じる．
- EIAに関する知見が集積されず，今後のEIAの精度向上が期待できない．

これらのリスクを回避するためには，③に示したとおり環境費用の内部化を行うとともに，調達マネジメントに基づき，工事段階において工事請負業者または施工監理コンサルタントによる環境緩和策とモニタリングの実施に関する契約を行うことが必要である．このほか，これらのモニタリング結果について，関係省庁が監査するシステムを規定するよう働きかけることも重要な対応策である．

4.4.2 おわりに

本章の事例に見るように，プロジェクトは常に固有の条件に基づいて行われる．地域の特性・気候，構造物の種類のみならず，周辺国の情勢や対象国を取り巻く世界経済の動向など，様々な要件が複雑に影響する．したがって，本事例で紹介したリスクへの対応策などが他のプロジェクトにそのまま適用できるわけではない．しかし，調査開始から事業の実施，そして評価活動に至る一連の流れについては共通点が多い．プロジェクト実施に関する基礎的な事項の理解に，本事例は役立つだろう．

本章の事例紹介を通じ，国際開発プロジェクトのマネジメントに関する重要事項を整理すると次のとおりとなる．

- プロジェクトは，総責任者である PM が意思決定を行う．PM はプロジェクトを実行するための組織を作る権限，意思決定を行うために必要な指揮命令権，予算の執行権などの権限と同時に，プロジェクトを成功裏に完遂させる責務を負っている．
- 開発コンサルタントの PM に求められる主要な能力としては，専門知識と実践的技術，迅速・適切な判断能力と決断力などがある．
- プロジェクトにおける開発コンサルタントの業務は，PMBOK のプロセス群と照らし合わせると，「計画プロセス群」は調査・設計に相当し，「実行プロセス群」と「監視・コントロールプロセス群」は施工管理に相当する．
- 開発コンサルタントは，プロジェクトが支障なく円滑に進捗するよう配慮する必要がある．プロジェクトのミス，トラブル防止策として，見落としがちなプロセスの失敗防止のチェックリスト機能を果たす PMBOK は，プロジェクトを適切に実施するうえで重要である．
- プロジェクトの評価方法は確定されておらず，特に定量的な方法はデータ不足などを要因として困難な場合が多い．プロジェクト完了後に，統計分析で必要なサンプルを十分収集するのは難しいことから，プロジェクト開始時点に現況データの収集および将来必要となる指標の設定（ベースライン調査）を綿密に行っておくことが必要である．
- 環境社会配慮の支援とは，被援助国がプロジェクトで実施する環境配慮に関して一定水準以上の質の確保を行うことである．プロジェクトにおける国家レベルの上位計画策定，個別プロジェクトの施設設計，工事および工事の管理などすべての段階において適切な調査・支援が重要である．
- 環境社会配慮の手段として，上位計画策定時の戦略的環境アセスメント

(SEA)，事業実施段階以降の環境アセスメント（EIA）および環境管理計画（EMP）がある．これら一連の手段は，プロジェクトが及ぼす影響を可能な限り定量的に分析し，影響が大きい場合は代替案検討や環境緩和策を施し，環境社会への影響を最小化する目的を有する．

- 加えて，EIA手続きでは，現地ステークホルダーをプロジェクトに参加させる機能を有していることから，コミュニケーションの手段として有効に活用していくことが重要である．
- 環境緩和策などを実際に機能させていくための計画がEMPであり，緩和策の具体的な手法を決定するとともに，事業者，建設請負業者，施工監理コンサルタント，現地ステークホルダーなどの役割と機能を明確化することで，EIAの実施を確実なものとする．

本章におけるプロジェクトマネジメントの事例を通じ，国際開発プロジェクトに対する関心を高め，プロジェクトを進める際の考え方や環境社会配慮事項に関する理解が深まるようであれば幸いである．

問　題　下記の3つの課題について，図・表・写真を活用してまとめよ．

[4.1]　任意の開発途上国（1人あたりGDP（World Bank）が5,000米ドル以下の国）を1か国選定し，その国の政治・経済・社会問題の現状と課題について簡潔に整理せよ．

[4.2]　[4.1]を踏まえ，最も重要と思われる課題を解決するために緊急に実施すべきプロジェクトを提案し，その概要をまとめよ．

①目的（何のためのプロジェクトか，なぜ必要なのか）
②概要（事業活動，事業規模，事業期間，資金計画，立地，実施体制など）
③ステークホルダー特定（誰がどのような立場でプロジェクトに関係するのか）
④プロジェクトマネジャーに求められる重要な役割や事項は何か

[4.3]　[4.2]で抽出したプロジェクトに関する環境社会上の配慮事項について，スコーピングマトリクスを用いて下記について述べよ．

①影響が特に大きいと思われる項目（複数でも可）とその理由
②影響緩和策
③現地ステークホルダー（特に近隣住民）とのコミュニケーションと合意形成の方策

文　献

[1]　Project Management Institute（PMI）：プロジェクトマネジメント知識体系ガイド（PMBOKガイド）第4版，2008.

[2]　Project Management Institute（PMI）：プロジェクトマネジメント知識体系ガイド（PMBOKガイド）2000年版，2000.

[3]　外務省：日本の国際協力，2007年版.

[4]　広兼　修：新版プロジェクトマネジメント標準PMBOK入門，オーム社，2010.

[5]　日本プロジェクト・マネジメント協会：P2M 豆本 WhatP2M プロジェクト & プログラムマネジメント，小原重信監修，2005.

[6]　日本プロジェクトマネジメント・フォーラム編：プロジェクトマネジメントの本，日刊工業新聞社，2003.

[7]　国際協力機構（JICA）・パシフィックコンサルタンツインターナショナル・日本工営：アフガニスタン・イスラム共和国マザリシャリフ市復興支援調査・最終報告書 I，II 和文要約，2005，2006.

[8]　国際協力機構（JICA）・日本工営・日本技術開発：アフガニスタン・イスラム共和国マザリシャリフ市内道路改修計画・基本設計調査報告書，2005.

[9]　国際協力ガイド 2011 年度版，国際開発ジャーナル社，2010.

[10]　コーエイ総合研究所編：国際開発コンサルタントのプロジェクト・マネジメント，国際開発ジャーナル社，2003.

[11]　海外環境協力センター：平成 11 年度環境庁委託 持続可能な開発支援基盤整備事業 国際協力における環境アセスメント　国際協力に関係する人々が環境影響評価制度の理解を深めるために，2000.

[12]　国際協力機構（JICA）：環境社会配慮ガイドライン，2010.

[13]　国際協力機構（JICA）・東京設計事務所・エイト日本技術開発：スーダン国 ジュバ市水道事業計画調査最終報告書，2009.

[14]　国際協力事業団・日本技術開発・オリエンタルコンサルタンツ：タンザニア連合共和国 マクユニ・ンゴロンゴロ間道路整備計画基本設計調査報告書，2000.

[15]　エイト日本技術開発・オリエンタルコンサルタンツ：タンザニア連合共和国 マクユニ・ンゴロンゴロ間道路整備計画詳細設計調査報告書及び環境モニタリング報告書，2001.

[16]　国際協力機構（JICA）・アルメック：社会基盤整備分野における開発援助の経験と展望に関するプロジェクト研究　最終報告書，2004.

[17]　旧スーダン国位置図，United Nations. 2007.

[18]　タンザニア共和国位置図，United Nations. 2006.

問題の解答

第2章

[2. 1] 図 A.1 を参照.

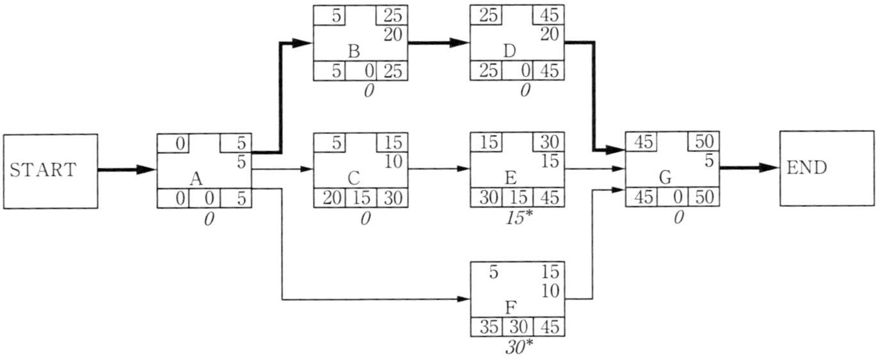

図 A. 1 [2.1] の解答：太線がクリティカルパス
フリーフロートはイタリックで表示. ＊アクティビティ C が使用したフロートをこの日数から減ずる.

[2. 2] 7 月 19 日時点でのアーンドバリュー分析は以下のとおり.
SV＝EV－PV＝6704－6704＝0 →スケジュールは予定通り
CV＝EV－AC＝6704－7088＝－384 →コストは予定より超過
EAC＝AC＋(BAC－EV)＝7088＋7984－6704＝8368
または＝AC＋(BAC－EV)/CPI＝7088＋(7984－6704)/0.946＝8441
となる. 図 A.2, 図 A.3 参照.

B4 の工事はもともと 1 日あたり作業員 8 人で 6 日間を予定していたので,
PV＝8 人・日 × 6 日 × 人件費 16 千円 / 人・日 ＝768 千円
であった. これを 2 倍の人数で作業し期間を半分の 3 日間に短縮したが, 給料は 1.25 倍(16×1.25＝20 千円 / 人・日)となったので,
AC＝16 人・日 ×3 日 ×20 千円 / 人・日 ＝960 千円
となる. 工事量は変化しないが, 人件費が増加したこととなる.

前回評価時点 7月2日

評価時点 7月19日

8日より屋根基礎工事再開可能

15日よりパネル据付け工事開始可能

15日よりパネル据付け工事開始可能

パネル配線作業を予定の半分の期間に短縮

	プロジェクト経過日数		125					130					135					140					145				
	工事経過日数		15					20					25					30					35				
	月							7月																			
	日		24	25	26	27	28	1	2	3	4	5	8	9	10	11	12	15	16	17	18	19	22	23	24	25	26
		PV																									
	マイルストン																										
	現場起工式																										
V4	仮設事務所設置																										
	エリアA																										
A1	屋根基礎工事																										
	PV	624																									
	AC		96	96	156								156	156	156												
	EV		0	0	156								156	156	156												
A2	架台据付け																										
	PV	256	128	128																							
	AC		0	0												128	128										
	EV		0	0												128	128										
A3	パネル設置																										
	PV	128			128																						
	AC				0													128									
	EV				0													128									
A4	配線																										
	PV	384												128	128	128											
	AC																		128	128	128						
	EV																		128	128	128						
	エリアB																										
B1	基礎工事																										
	PV	1984																									
	AC																										
	EV																										
B2	架台組み立て・設置																										
	PV	512	128	128	128																						
	AC		128	128	128																						
	EV		128	128	128																						
B3	パネル設置																										
	PV	256				128	128																				
	AC					0	0											128	128								
	EV					0	0											128	128								
B4	配線																										
	PV	768						128	128	128	128	128	128														
	AC							0	0	0	0	0	0							320	320	320					
	EV							0	0	0	0	0	0							256	256	256					
B5	埋設配線用土木工事																										
	PV	768				128	128																				
	AC					128	128																				
	EV					128	128																				
B6	埋設配線																										
	PV	256																									
	AC																										
	EV																										
C1	インバーター設置																										
	PV	384	0	0	0												128	128	128								
	AC		128	128	128																						
	EV		128	128	128																						
C2	計測器設置																										
	PV	384				0	0	0												128	128	128					
	AC					128	128	128																			
	EV					128	128	128																			
C3	電気室配線																										
	PV	640																					128	128	128	128	128
T1	試運転																										
	PV	640																									
	完成																										
	プロジェクトマネジャー																										
	本社																										
	現地調査																										
	現地打ち合わせ																										
	現場工事監理																										
	電気エンジニア																										
	本社																										
	現場工事監理																										
	総予算額	7984																									
	PV		256	256	256	256	256	128	128	128	128	128	128	128	128	128	128	128	128	128	128	128	128	128	128	128	128
	AC		352	352	412	256	256	128	0	0	0	0	156	156	156	128	128	256	256	448	448	320	128	128	128	128	128
	EV		256	256	412	256	256	128	0	0	0	0	156	156	156	128	128	256	256	384	384	256	128	128	128	128	128
	累計PV		3760	4016	4272	4528	4784	4912	5040	5168	5296	5424	5552	5680	5808	5936	6064	6192	6320	6448	6576	6704	6832	6960	7088	7216	7344
	累計AC		3232	3584	3996	4252	4508	4636	4636	4636	4636	4636	4792	4948	5104	5232	5360	5616	5872	6320	6768	7088					
	累計EV		3136	3392	3804	4060	4316	4444	4444	4444	4444	4444	4600	4756	4912	5040	5168	5424	5680	6064	6448	6704					
	SV								−596													0					
	SPI								0.882													1.000					
	CV								−192													−384					
	CPI								0.959													0.946					
	EAC								8176													8368					
									8329													8441					

図 A. 2 ［2.2］の解答：現場工事，アーンドバリュー分析（スケジュールの短縮策の効果）

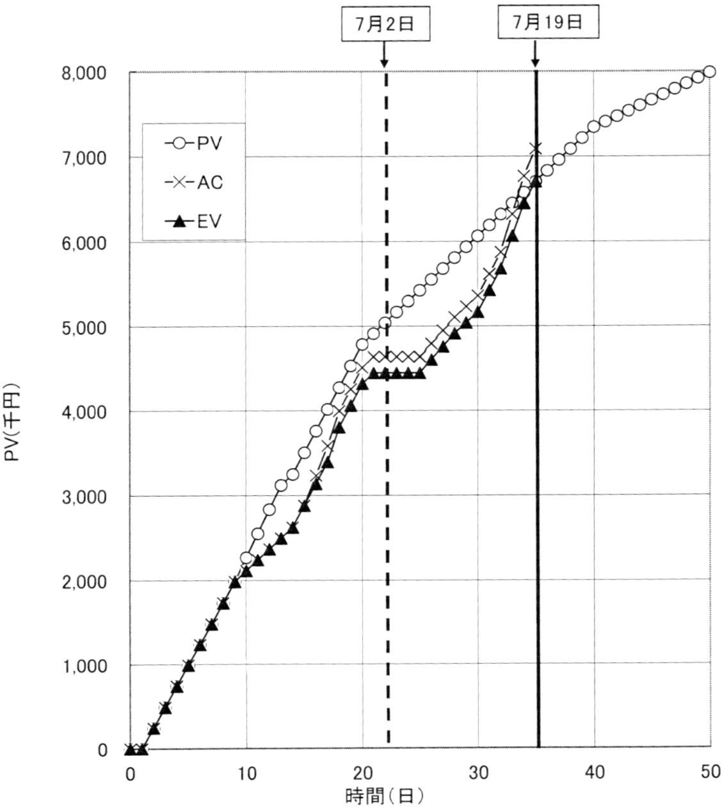

図 A. 3 [2.3] の解答：現場工事，アーンドバリュー分析グラフ

[2. 3] 三角分布を仮定した場合，表 A.1 のようになる．

標準偏差 $\sigma=\sqrt{3.3}=1.81$.

正規分布における確率積分値 80% に相当する規準化変数 $Z=0.8416$.

$Z=(x-\mu)/\sigma$ より，$x=26.52$.

表 A. 1 [2.3] の解答

	最安値	最頻値	最高値	平均値	分散
A	13	15	20	16.00	2.167
B	4	5	8	5.67	0.722
C	2	3	5	3.33	0.389
総予算	19	23	33	25.0	3.3

索　　引

欧　文

ア　行

カ　行

サ　行

タ 行

ナ 行

ハ 行

マ 行

ヤ 行

ラ 行

ワ 行

編著者略歴

花岡伸也（はなおか しんや）

1970年　岡山県に生まれる
1999年　東北大学大学院情報科学研究科博士課程修了
現　在　東京工業大学環境・社会理工学院融合理工学系 教授
　　　　博士（情報科学）

著者略歴

松川圭輔（まつかわ けいすけ）

1959年　東京都に生まれる
1983年　東京大学工学部土木工学科卒業
1991年　米国パデュー大学土木工学系大学院 Ph.D.
現　在　千代田化工建設株式会社
　　　　Ph.D.

益田信久（ますだ のぶひさ）

1968年　兵庫県に生まれる
1995年　東北大学大学院工学研究科修士課程修了
2005年　ロンドン大学ロンドンビジネススクール修了
現　在　千代田化工建設株式会社
　　　　修士（工学），M.Sc.

徳永達己（とくなが たつみ）

1961年　神奈川県に生まれる
2006年　東京海洋大学大学院商船学研究科博士課程修了
現　在　拓殖大学国際学部国際学科 教授
　　　　博士（工学）

黒木浩則（くろき ひろのり）

1969年　宮崎県に生まれる
1994年　宮崎大学大学院農学研究科修士課程修了
現　在　株式会社オリエンタルコンサルタンツグローバル
　　　　修士（農業工学）

シリーズ〈新しい工学〉2

プロジェクトマネジメント入門　　定価はカバーに表示

2012年11月25日　初版第1刷
2018年 7月25日　　　第2刷

編著者　花　岡　伸　也
著　者　松　川　圭　輔
　　　　益　田　信　久
　　　　徳　永　達　己
　　　　黒　木　浩　則
発行者　朝　倉　誠　造
発行所　株式会社 朝　倉　書　店

東京都新宿区新小川町 6-29
郵便番号　162-8707
電　話　03(3260)0141
FAX　03(3260)0180
http://www.asakura.co.jp

〈検印省略〉

真興社・渡辺製本

ISBN 978-4-254-20522-0　C3350　　Printed in Japan